$\mathcal{A}$LEX e EU

Irene M. Pepperberg

Alex e eu

Tradução de
MARCIA FRAZÃO

EDITORA RECORD
RIO DE JANEIRO • SÃO PAULO
2009

CIP-Brasil. Catalogação-na-fonte
Sindicato Nacional dos Editores de Livros, RJ

P479A
Pepperberg, Irene
Alex e eu / Irene Pepperberg; tradução de Marcia Frazão. –
Rio de Janeiro: Record, 2009.

Tradução de: Alex and me
ISBN 978-85-01-08570-2

1. Papagaio do Congo – Comportamento. 2. Relação homem-animal. 3. Comunicação homem-animal. I. Título.

09-0984
CDD – 920.9636685
CDU – 929.598.271.8

Título original em inglês:
ALEX AND ME

Copyright © 2009 by Irene Pepperberg

Todos os direitos reservados. Proibida a reprodução, armazenamento
ou transmissão de partes deste livro, através de quaisquer meios,
sem prévia autorização por escrito. Proibida a venda desta edição em Portugal e
resto da Europa.

Direitos exclusivos de publicação em língua portuguesa para o Brasil
adquiridos pela
EDITORA RECORD LTDA.
Rua Argentina 171 – Rio de Janeiro, RJ – 20921-380 – Tel.: 2585-2000
que se reserva a propriedade literária desta tradução

Impresso no Brasil

ISBN 978-85-01-08570-2

PEDIDOS PELO REEMBOLSO POSTAL
Caixa Postal 23.052
Rio de Janeiro, RJ – 20922-970

EDITORA AFILIADA

Para Alex

Sumário

Capítulo 1:	Momento *A felicidade não se compra*	9
Capítulo 2:	O início	33
Capítulo 3:	Primeiras identificações de Alex	63
Capítulo 4:	Alex e Eu, os Vagabundos	81
Capítulo 5:	O que é Banareja?	101
Capítulo 6:	Alex e Amigos	127
Capítulo 7:	Alex High-tech	159
Capítulo 8:	O novo horizonte	185
Capítulo 9:	O que Alex me ensinou	215

Agradecimentos 229

Índice remissivo 231

Capítulo 1

Momento *A felicidade não se compra*

Que impacto uma bola emplumada de meio quilo provoca no mundo? Para mim foi doloroso descobrir. Por isso escrevo a história da vida de uma ave singular, uma história que começa pelo final.

"Morre papagaio inteligente. Emotivo até o fim", dizia a manchete da seção de ciência do *New York Times* de 11 de setembro de 2007, um dia após o anúncio da morte de Alex pela nossa assessoria de imprensa. "Conhecia cores e formas, tinha aprendido mais de cem palavras da língua inglesa", escreveu Benedict Carey, "e marcou presença em programas de televisão, reportagens e relatórios científicos como sendo, talvez, a mais importante ave falante." Carey também citava Diana Reiss, minha amiga, colega de profissão e especialista em comunicação de golfinhos e elefantes: "O trabalho revolucionou a nossa

maneira de pensar o cérebro das aves. No passado, de maneira pejorativa, mas hoje olhamos esses cérebros — pelo menos o de Alex — com algum respeito."

Também me vi dizendo a mesma coisa para jornais, revistas, emissoras de rádio e diversos canais de televisão em entrevistas que me assolaram durante aqueles primeiros dias. Quando me perguntavam: "O que Alex tinha de tão especial para tanto alarido?", eu respondia: "Era uma ave com um cérebro do tamanho de uma noz capaz de fazer coisas que as crianças pequenas fazem." Era uma verdade científica conhecida por mim havia muito tempo e que só naquele momento começava a ser aceita. Mas isso de nada ajudava em minha devastação pessoal.

Alguns amigos vieram de Washington D.C. naquele primeiro fim de semana para garantir que eu não ficasse sozinha e me alimentasse, ou pelo menos tentasse descansar. A cada minuto, a cada hora, a cada dia eu agia ligada no piloto automático, fazendo o que tinha de fazer mas sem dormir e arrasada pela dor. E em meio a isso, a exposição pública. Claro que estava preparada, se bem que não de todo. Tinha consciência de uma inevitável repercussão pública pelas muitas entrevistas que dava e que pareciam não ter fim. Mas parecia que era uma outra pessoa que estava envolvida ou então tudo me soava irreal. Tocava o telefone e eu alionava o modo "entrevista", respondendo às perguntas como muitas vezes respondera quando do Alex realizava alguma coisa que atraía a mídia, ou seja, de forma puramente profissional. Dessa vez, no entanto, sentia-me dilacerada entre uma entrevista e outra.

Momento A felicidade não se compra

Foram exibidas fotos do Alex na CNN, na revista *Time* e em diversos lugares por todo o país. No programa *All Things Considered*, da National Public Radio, divulgou-se o ocorrido: "Faleceu Alex, o Papagaio, o aluno brilhante." Melissa Block, a apresentadora do programa, comentou: "Alex derrubou a ideia de que os papagaios só são capazes de repetir palavras." Diane Sawyer dedicou-lhe um segmento de dois minutos e meio no *Good Morning America*, da rede ABC, um tempo muito longo para um programa matinal de televisão segundo o que me disseram. "E agora tenho um tipo especial de obituário", assim começou, "e quero informar ao parente mais próximo sobre uma morte na família. Sim, um parente que pode ser todos nós." Ela disse que Alex tinha sido uma espécie de gênio que "abriu novas perspectivas a respeito do que os animais são capazes de fazer". Levou ao ar um vídeo onde se via Alex respondendo perguntas sobre cores, formas, números de objetos e por aí afora. Este vídeo pode ser encontrado no *YouTube*. No dia anterior, Katie Couric, âncora da CBS, consagrou mais tempo à vida e à morte de Alex do que a maior parte das notícias políticas.

Dois dias depois, o renomado jornal britânico *The Guardian* noticiou: "Os EUA estão de luto. Alex, o papagaio-cinzento africano, mais inteligente que muito presidente americano, morreu relativamente jovem, aos 31 anos de idade." A história espalhou-se pelo mundo e também chegou à Austrália. Robyn Williams, do programa *Science Show* da rádio Australian Broadcasting Corporation, fez, pela segunda vez, uma entrevista comigo sobre Alex e seus feitos. Na primeira vez, cinco anos antes, faláramos sobre as outras façanhas que Alex poderia realizar no futuro. Não dessa vez.

Disseram-me que o artigo do *New York Times* foi o que mais recebeu e-mails naquele dia, ocasião em que o general David Petraeus dava o seu testemunho sobre o Iraque em Washington D.C. Um segundo artigo no *New York Times* de 12 de setembro, escrito por Verlyn Klinkenborg na seção do editorial, apresentava o título: "Alex, o Papagaio". Era um artigo mais filosófico que a maioria dos outros. "Pensar sobre os animais — pensar em especial se os animais podem pensar — é como olhar para um mundo através de um espelho", iniciou o artigo Klinkenborg. "Lá do outro lado do espelho, por exemplo, está Alex... Mas ao olhar para Alex, que domina um espantoso vocabulário de palavras e conceitos, a questão é sempre se olhamos o nosso próprio reflexo." O artigo terminava: "O valor [da obra] fica por conta de nossa própria surpresa, de nossa renovada consciência do quão pouco nos permitimos esperar dos bichos que nos rodeiam." Um artigo adorável, uma outra visão. Mas ainda assim parecia irreal.

Até mesmo Jay Leno fez um comentário sobre Alex no seu programa noturno de TV (foi um amigo que me disse, quase não assisto à TV). "Uma notícia triste: faleceu um papagaio de 31 anos chamado Alex que foi usado pelos cientistas da Universidade de Harvard em pesquisas sobre como os papagaios se comunicam", disse Leno. "Acho que ele pediu uma última bolacha antes de morrer!" E continuou, "Esse papagaio era

Momento A felicidade não se compra

muito inteligente. Dizem que ele conhecia mais de uma centena de palavras, que a inteligência dele estava entre a de um cachorro e a de uma *miss* adolescente da Carolina do Sul." Suspiro.

Na ocasião todos os grandes jornais fizeram a cobertura da morte de Alex, evidenciando suas extraordinárias habilidades cognitivas e o trabalho que fizemos juntos. Até a venerável revista científica britânica *Nature* comentou o assunto na matéria "Adeus a um papagaio famoso". "Pepperberg já publicou dezenas de artigos científicos sobre as habilidades verbais, matemáticas e cognitivas de Alex", escreveu David Chandler, "e ambos já apareceram em diversos programas de televisão e em publicações populares." E acrescentou: "Nesse processo transformaram o entendimento das pessoas sobre as habilidades mentais dos animais não-humanos." (Uma amarga ironia: quando comecei a trabalhar com Alex três décadas antes, submeti um artigo à *Nature* sumariamente descartado sem ao menos ter sido lido... exatamente como um outro que enviei mais recentemente.)

Se me mostro um tanto quanto ausente ao relembrar de todo esse reconhecimento público é porque na verdade eu estava assim na ocasião. Quanto mais era informada sobre os diversos artigos que eram publicados — assiduamente enviados para mim pelos meus amigos —, mais me sentia indiferente em relação às suas mensagens. Sim, eu estava ocupada com a tarefa de enfrentar e suportar a passagem dos dias, ocupada com as entrevistas, ocupada com o laboratório. Mas ao mesmo tempo praticamente não conseguia ouvir o que se dizia. Esperara por anos que os feitos de Alex fossem inteiramente reconhecidos, mas, quando isso aconteceu, eu estava distante, sem poder ver e ouvir com clareza. Pelo menos não de imediato.

Alguns dias depois que Alex me deixou, o *New York Times* publicou um terceiro artigo intitulado "Alex queria uma bolacha, mas *queria* mesmo?", e comecei a prestar atenção. George Johnson, um experiente escritor científico, descreveu maravilhosamente a pesquisa com o foco no tema intencionalmente implícito no título do artigo. Nos Estados Unidos, a pedra de toque para o reconhecimento público é o *New York Times*, seja em política, arte ou ciência. E lá estava Alex aparecendo *três* vezes durante uma semana nas páginas do jornal. *Hmm*, eu cogitei. *Será que existe alguma coisa nisso tudo?*

Assim, depois de alguns dias, recebi um telefonema de uma amiga. "Irene, você não vai acreditar. O Alex está na *Economist!*" Ela estava certa. Custei a acreditar. A *Economist* é provavelmente a revista semanal mais importante do mundo sobre política, finanças e negócios. Toda semana publica uma página de obituário de alguma figura importante. Na edição de 20 de setembro, Alex era essa figura importante. A morte de Alex, dizia o artigo, finaliza uma "vida dedicada às complexas tarefas de aprendizado originariamente pensadas como sendo exclusivas dos primatas". O obituário continuava: "no final [do aprendizado] Alex apresentava a inteligência de uma criança de cinco anos de idade e ainda não tinha atingido a plenitude

Momento A felicidade não se compra

do seu potencial." Ainda não tinha atingido a plenitude do seu potencial... que palavras verdadeiras, tragicamente verdadeiras!

Levando em conta que nas semanas que antecederam o obituário de Alex a revista *Economist* estampou o obituário de Luciano Pavarotti, o de Ingmar Bergman e o de Lady Bird Johnson, compreendi quão lisonjeiro era para Alex estar naquela página de obituário. Isso realmente chamou a minha atenção.

Nos dias e nas semanas que se seguiram à morte de Alex fui surpreendida por múltiplos tsunamis, à minha volta e dentro de mim, ao mesmo tempo que me esforçava para lidar com assuntos práticos, atender telefonemas, tomar providências e tudo mais, simplesmente devido à importância de Alex. Mas em meio a tudo isso a minha mente era um só turbilhão: o que fazer do laboratório? O que fazer da pesquisa? O que fazer de tudo que nós criamos? O que fazer de mim?

De repente me sentia como se estivesse no meio do movimento acelerado de um daqueles amontoados caóticos e anuviados que vemos no cinema. Só que o conceito de amontoado de nuvens transcendia a imagem física do caos e se tornava uma realidade que virava de cabeça para baixo tudo o que eu sabia, ou pensava que sabia, sobre minha vida.

E *surpresa* era realmente o termo adequado, mesmo sendo uma palavra tão simples para comunicar o verdadeiro peso do seu significado. A sensação de perda, dor e abandono que rasgou o meu coração e a minha alma por ocasião da morte do meu colega de meio quilo e meu companheiro por três décadas teve uma intensidade jamais esperada e jamais imaginada. Uma vasta torrente de amor e carinho sempre limitada por uma sólida represa durante todo aquele tempo irrompeu de súbito, e o dilúvio de emoções varreu toda a razão que encontrou pela frente. Nunca sentira uma dor como aquela e nunca derramara tantas lágrimas. Espero nunca mais passar por isso.

Só agora percebo que acabei de dizer que uma grande torrente de emoções foi represada por três décadas, como se tivesse empregado uma outra pessoa para fazer o trabalho, algo como um fornecedor, Controlador de Emoções S.A. É óbvio que eu era a única que tinha o controle o tempo todo. Minha decisão. Meu plano. Minha implementação. Mas me tornei tão boa na execução deste plano de distanciamento emocional que os sentimentos entre mim e Alex estavam fora do alcance da vista, invisíveis até para mim, para além das sólidas montanhas da objetividade científica. De todo modo, na maior parte invisível. Na maior parte fora do alcance da vista.

De repente noto que o que acabo de dizer talvez faça pouco — ou nenhum — sentido para muitas pessoas e quem sabe até pareça um pouco *tolkienesco*. Mas a verdade é que existe alguma coisa do universo de Tolkien na jornada de trinta anos que Alex e eu trilhamos: as lutas, os triunfos iniciais, os recuos e os feitos inesperados e quase sempre surpreendentes. E, claro, a separação prematura. Tudo isso, inclusive o fundamento lógico da criação de uma represa emocional, será desenrolado no decorrer deste livro. Penso que o tsunami interno que viven-

Momento A felicidade não se compra

ciei depois que Alex me deixou e viajou para o lugar que muitos chamam de "Ponte do Arco-íris" foi um choque sísmico da emoção reprimida, emoção agora livre. Sim, sempre tive um carinho especial por Alex, sempre me referi a ele como o meu amigo próximo e sempre o tratei com a mesma afeição e respeito que dispensamos a qualquer amigo mais chegado. No entanto, para manter a objetividade científica, também tive de manter o meu distanciamento. Agora já não há mais ciência envolvida, pelo menos com Alex, e já não preciso manter a objetividade.

O tsunami do lado de fora não foi menos surpreendente. Enquanto aguentava a investida furiosa da mídia, começaram a chegar e-mails de condolências. A princípio foram poucos, mas em algumas horas tornaram-se vários e logo centenas. Jaimi Torok, o responsável pelo site, teve de criar um outro só para condolências, o Remembering Alex [Lembrando Alex], a fim de não sobrecarregar o servidor da fundação que apoiava a minha pesquisa com Alex. Em uma semana chegaram mais de duas mil mensagens, três mil ao final do mês, e o meu e-mail pessoal recebeu quase a mesma quantidade. Alguns e-mails eram de pessoas conhecidas como os alunos mais antigos e me confortou saber que aquele período passado comigo e Alex tinha sido importante para eles, tinha influenciado suas vidas. Outros eram de pessoas que haviam visitado o laboratório e queriam relembrar uma ocasião especial e compartilhá-la novamente. Mas a maioria era de desconhecidos que simplesmente estavam motivados a escrever. Obviamente, muitos eram "apaixonados por papagaios", mas nem todos. E o que foi escrito realmente me surpreendeu e trouxe outros tsunamis de surpresa.

Claro que eu não ignorava por completo o impacto que Alex provocava. Depois que Alex e eu começamos a trabalhar juntos, passei a ser convidada para falar em associações de amigos de papagaios e dar conferências sobre minhas descobertas. Os donos de papagaio eram apaixonados por suas aves e minhas palavras sobre Alex avalizavam o que eles já *sabiam*. E agora poderiam dizer para os amigos mais céticos: "Eu não disse?!" O tema era proeminente no site de condolências. Darei alguns exemplos:

"Não posso deixar de dizer que Alex e Irene penetraram em domínios que alguns podem achar idiotas e absurdos, mas que nós, os amantes dos papagaios-cinzentos, conhecemos bem", escreveu Laurence Kleiner, um pediatra neurocirurgião do Hospital Infantil em Dayton, Ohio. Ele também é presidente da Wings Over the Rainbow [Asas sobre o Arco-íris], uma organização que resgata e reabilita aves abandonadas e maltratadas. "Alex era o farol, e Irene, a energia que o fazia acender, a energia que mostrava ao mundo quão maravilhosas são as nossas amigas aves. Exibindo com muita elegância os talentos e sentimentos frequentemente atribuídos apenas aos humanos; atitude tão egocêntrica de nossa espécie... Alex será lembrado para sempre."

"Chorei como um bebê quando soube da morte de Alex", escreveu Linda Ruth. "Como bióloga, veterinária e há muito

Momento A felicidade não se compra

tempo proprietária de aves, considero os feitos de Alex uma extraordinária demonstração da inteligência e das habilidades que muitos animais possuem (...) Ao usar Alex [como exemplo], consegui convencer muitos céticos que o abismo existente entre humanos e animais não é tão grande como se pensa."

"Como coproprietário de um excepcional papagaio-cinzento, estou arrasado ao saber da notícia", escreveu um executivo financeiro da Nova Inglaterra. "Não sou excessivamente emotivo e dado a chorar sem razão, mas tive de interromper o trabalho por alguns momentos quando soube da morte de Alex e, durante todo o dia, volta e meia os meus olhos enchiam-se de lágrimas. Sou profundamente solidário a todos vocês que trabalharam tanto ao lado dessa inigualável, extraordinária e tão maravilhosa criatura."

"Gandhi disse um dia que devemos ser a mudança que queremos ver no mundo", escreveu Karen Webster, diretora executiva do Parrot Education & Adoption Center. "Irene e Alex eram essa mudança. O trabalho de uma mulher com uma bolinha — pelo menos no início — cinzenta cheia de personalidade ajudou a trazer o entendimento e uma grande melhoria para a vida dos papagaios do mundo inteiro. Praticamente um legado."

Como se poderá observar nos capítulos seguintes, o que me impulsionou durante os anos que passei estudando o funcionamento do cérebro de criaturas diferentes de nós, bem mais "humildes", foi a ciência. Muita gente maravilhosa escreveu sobre esse aspecto de minha vida com Alex, de como a ciência estava ligada ao impacto emocional de Alex:

"Alguns anos atrás ministrei um curso sobre o comportamento animal e apresentei Alex aos alunos, exibindo o tão comentado vídeo da PBS com Alan Alda", disse Deborah Duffy, uma pesquisadora do comportamento animal na escola de medicina veterinária da Universidade da Pensilvânia. "Os alunos ficaram impressionados! Alex causou uma forte impressão em todos e se tornou o exemplo mais comumente citado nas respostas às perguntas sobre cognição animal que constavam da prova. Foi um embaixador dos animais que nos mostrou que não é necessário ter um cérebro semelhante ao dos humanos para possuir habilidades cognitivas complexas. A morte dele é uma grande perda para a comunidade científica, para a educação, para os amantes dos animais e para o mundo. Sentiremos muita falta dele."

"Desejo cumprimentá-la, dra. Pepperberg, pela coragem de levar adiante a sua proposta inicial e por ter persistido a cada obstáculo", disse David Stewart, um economista de Washington D.C. proveniente de uma família acostumada durante muitos anos a ter animais de estimação. "Quanto ao ceticismo ainda existente em relação ao seu trabalho, considero-o como um narcisismo associado à singularidade e excepcionalidade da espécie humana (...) Acredito que com o tempo será amplamente reconhecida a definição de ser humano que envolve apenas uma questão de diferença de graus, e não de noções binárias do tipo ter ou não ter isso. Seu trabalho tem contri-

Momento A felicidade não se compra

buído enormemente para tal... Com solidariedade, lágrimas e gratidão."

Susanne Keller, dona de um papagaio-cinzento no Alasca, escreveu: "Acredito que de vez em quando um mensageiro especial nos é enviado, um mensageiro que vem na hora certa para nos ensinar... Então, veio o Alex. Uma pequena ave cinzenta. Não creio que nem a dra. Pepperberg nem Alex puderam antever a missão que receberam. E também acho que eles nunca se deram conta da profunda diferença que faziam... Alex foi uma verdadeira dádiva para todos nós. Ele e dra. Pepperberg formavam um time. Precisavam um do outro para ensinar as lições (...) Alex, você era um daqueles seres raros que transformam o mundo de maneira positiva."

É claro que a maioria dessas pessoas nunca conheceu Alex, talvez até nem tivessem uma ave, mas de alguma maneira foram motivadas ou ajudadas por ele.

De todas as mensagens recebidas, uma delas é especialmente comovente:

"Esta história é real", começa. "No final da década de 1980 uma mulher, na ocasião com trinta e poucos anos, foi diagnosticada como portadora de uma complicada arritmia cardíaca, incurável, que mal podia ser controlada, e estava tão doente que qualquer incidente lhe poderia ser fatal. Por conta disso não podia fazer quase nada. A doença simplesmente lhe tirara a esperança de ter um filho, uma carreira e a capacidade de fazer as tarefas mais simples. Como o trabalho do marido exigia que ele fizesse viagens, ela passava o tempo todo praticamente só. Por ter sido uma pessoa cuja vida era cheia de atividades e realizações, o súbito esvaziamento do seu futuro era insuportável. Frequentemente lhe passava pela cabeça a ideia de parar de tomar o medicamento que a mantinha viva.

"Até que um dia ela leu um artigo a respeito de um fabuloso papagaio chamado Alex e de sua mestra igualmente fabulosa, dra. Irene Pepperberg. Para aquela mulher que amava tanto os animais, o trabalho que Alex e Irene faziam juntos era tão interessante, tão singular e importante, que ela procurou saber o máximo possível. Para uma mulher que deixara de acreditar em milagres, pensar que um papagaio além de poder falar também sabia — entendia — o que ouvia e o que falava era por si mesmo um verdadeiro milagre. E assim, pela primeira vez desde que tinha adoecido, essa mulher estabeleceu para si mesma um desafio: vivenciar pessoalmente o milagre que Alex e Irene provavam para o mundo científico.

"Sei que esta história é verdadeira porque é a minha história. Cerca de duas décadas mais tarde, após uma cirurgia experimental com todas as complicações envolvidas, ainda estou aqui e continuo acompanhando o trabalho feito por The Alex Foundation. Os meus papagaios (incluindo, é claro, um papagaio-cinzento de 16 anos) ainda são um milagre para mim a cada palavra que pronunciam. Eles são a força que me mantém viva, mas foram Alex e Irene que primeiro apareceram com essa força, anos atrás.

"Para Irene e todos os integrantes do Alex Project, minhas preces são dirigidas a vocês. Estejam certos de que Alex nunca

Momento A felicidade não se compra

será esquecido por nós, cujos corações foram tocados por essa alminha tão extraordinária." A mensagem era assinada por Karen "Wren" Grahame. Mais tarde descobri que era a mesma Wren que enviou religiosamente dez dólares todo mês durante muitos anos para The Alex Foundation. Eu não conhecia a história dela.

"Nunca tive a sorte de conhecer pessoalmente nem Alex nem a dra. Pepperberg, mas me sinto como se os tivesse conhecido a minha vida inteira", escreveu Denise Raven, de Belton, Missouri: "O meu coração está partido; sinto um nó na garganta e um vazio terrível dentro de mim. É surpreendente como esse rapazinho tocou tão profundamente tantas pessoas. Agradeço a Deus pela possibilidade de ter Alex, dra. Pepperberg e The Alex Foundation como parte da minha vida. Há quatro anos perdi meu único filho e devo dizer que a dor de perder Alex é tão horrível quanto a de perder meu filho. Fiquei muito abalada. Tudo o que posso dizer é que... você fez deste mundo um lugar melhor e que fará muita falta aqui."

"Hoje o meu coração parece despedaçado", disse Patti Alexakis. "Alex roubou o meu coração há muitos anos. Ele era um pequeno príncipe — uma estrela brilhante. Vai com Deus, Alex. Você é um papagaio-cinzento muito amado e continuará tanto no meu coração como no de muitos outros. Criei uma página na internet, um memorial de velas para você, Alex... e para os seus amados humanos. Por favor, acenda uma vela se desejar."

O tributo de Bill Kollar, é preciso admitir, foi um dos mais raros e adoráveis que Alex recebeu. Kollar é um engenheiro do norte da Virgínia, além de ser líder de uma banda de tocadores de sino de igreja. "Em 16 de setembro os sinos da igreja do Calvário em Frederick, Maryland, badalaram em memória a Alex", escreveu Kollar no e-mail. Ele tem um papagaio-cinzento africano e tinha informações de Alex, aparentemente os integrantes da banda também o conheciam. "Uma de minhas regras profissionais é sempre pedir às pessoas que façam as coisas em que são boas", disse em seguida. "Assim, como tocadores de sino, quando acontece algo importante como a morte de Alex, nós tocamos os sinos." E foi o que fizeram, os sinos da igreja badalaram durante longos minutos em uma melodiosa harmonia, emitindo um som celestial que voou pelo país — uma ideia maravilhosa. Fico preocupada só de pensar que talvez não tenha agradecido, mas até hoje não consigo lembrar a quem escrevi durante aqueles dias tão sombrios.

"Não posso deixar de dizer quão profundamente compreendo a sua dor", escreveu madre Dolores Hart. "Integro a abadia de Regina Laudis, uma comunidade de freiras beneditinas contemplativas, em Bethlehem, Connecticut. Temos um papagaio-cinzento que amamos muito e que despertou minha curiosidade por seu trabalho. Sua perda súbita é de partir o coração. Nós a manteremos em nossas orações e nosso amor por essas assombrosas criaturas que têm nos mostrado um pouco mais de Deus do que jamais acreditamos ser possível." Madre Hart é a prioresa da abadia, uma antiga atriz de

Momento A felicidade não se compra

Hollywood que fez par romântico com Elvis Presley em dois filmes e que em 1960 estrelou o clássico *Bastam dois para amar.* Largou o *glamour* do cinema e entrou para a abadia de Regina Laudis quatro décadas atrás, e nos últimos 17 anos tem desfrutado a companhia de um papagaio africano.

Fiz o possível para ler a maior parte dessa torrente de e-mails, mas não pude, ou porque outras demandas tomavam o meu tempo ou porque era doloroso demais. De vez em quando a maravilhosa chefe do meu laboratório, Arlene Levin-Rowe, reunia os treinadores e cuidadores de Alex e lá faziam uma leitura coletiva. Era uma leitura sempre emocionada. E como poderia não ser? Estávamos na salinha que abrigava três gaiolas, em Brandeis: a de Griffin, perto da porta de entrada, a de Wart, no fundo à direita, e a terceira gaiola, no fundo da sala à esquerda, com brinquedos espalhados aqui e ali e com a porta aberta. Vazia. Este último e-mail que compartilharei com você foi um dos que lemos em grupo. Suas palavras me arrancaram mais lágrimas do que de costume, por Alex e pelo remetente cujo coração foi tocado tão carinhosamente:

"Só queria escrever para dizer que há semanas tenho estado deprimida e me encontro completamente apática, apesar de estar cercada por uma família maravilhosa, cerca de duzentos bichinhos de estimação, meus filhos e meus netinhos. Desde que soube da morte de Alex tenho lido os e-mails postados no site, e as lágrimas finalmente estão fluindo. Essa é uma outra forma de Alex surpreender o mundo. Eu tinha esquecido de como sentir as emoções, e a leitura das palavras que Alex dizia toda noite para a sua amada amiga [ele dizia "eu te amo"] libertou o fluxo das minhas emoções. Obrigada, Alex, por tocar o meu coração e me ajudar a sentir novamente." Quem escreveu essas palavras foi Deborah Younce, de Michigan.

Também chegava a correspondência tradicional, caixas e mais caixas de cartas. Uma delas foi um maravilhoso cartão enviado por Penny Patterson e amigos, proprietária de Koko, a célebre gorila dos sinais. "Koko envia uma mensagem com a cor da cura", escreveu Penny. "Saiba que está em todos os nossos pensamentos e orações — a morte de Alex é uma grande perda para todos." Por baixo das palavras de Penny se via um rabisco laranja, executado por Koko. Uma outra carta vinha de Roger Fouts, amigo e colega de profissão, durante muito tempo treinador e acompanhante de Washoe, célebre chimpanzé dos sinais. "Sabemos como deve estar se sentindo", disse. "Mas todos nós estamos envelhecendo e, no nosso caso, sentimo-nos afortunados por Washoe estar conosco por tanto tempo." Infelizmente, poucas semanas depois eu enviaria condolências para Roger pela morte de Washoe.

Treva Mathur, da Trees for Life, em Wichita, Kansas, enviou-me um certificado indicando a doação de dez árvores para a fundação por parte de Windhover Veterinary Center, em Walpole, Massachusetts — uma bela maneira de transformar pensamentos gentis em ecossistemas sustentáveis. Alex tinha sido um paciente ocasional (e relutante) no Windhover.

Um dos itens mais preciosos que chegaram pelo correio foi um pacote proveniente da *Butler Elementary School*, em Lock-

Momento A felicidade não se compra

port, Illinois. Continha cerca de duas dúzias de cartões feitos pelos alunos da professora do primeiro grau, senhora Karen Kraynak. Na frente de cada cartão havia um gracioso desenho de Alex feito por uma criança e dentro uma cartinha para mim. Em meio aos cartões estava uma carta de Karen para mim, explicando que tinha adquirido um papagaio-cinzento africano cerca de dez anos antes, depois de ter assistido ao filme da PBS, *Parrots: Look Who's Talking* [Papagaios: olhe quem está falando]. "Quando ensino sobre as aves durante a matéria dedicada aos vertebrados sempre exibo o vídeo da PBS e mostro fotografias do meu papagaio", disse ela. "Estava justamente nesse ponto da matéria quando li a respeito da morte de Alex, e levei o assunto para a classe. As crianças sabiam quanto o meu papagaio é importante para mim e compreenderam quanto Alex deve ter sido importante para você, Irene. Conversamos sobre o que devíamos fazer, e as crianças disseram que queriam fazer estes cartões." Eis algumas das mensagens que me enviaram:

"Sei que o Alex significava muito para você", começava uma delas. "Com o tempo tudo vai ficar bem dentro de você."

Uma outra cartinha iniciava assim: "Eu sinto muito por seu amigo Alex ter deixado você. Mas agora ele está num lugar melhor."

Uma outra foi especialmente comovente: "O Alex deve ter sido muito importante para você. Ele estará sempre com você. Perdi minha avó faz alguns anos. Mas ela está sempre comigo, dentro de mim. Exatamente como Alex está sempre com você."

ALEX & EU

O sentimento dos corações inocentes daquelas crianças nos tocou tão profundamente que caímos em prantos.

Em 28 de setembro, apenas três semanas após a morte de Alex, viajei para Wichita, no Kansas, e me hospedei no Hyatt Regency. Estava lá para um evento de angariação de fundos para a The Alex Foundation agendado muitos meses antes da morte de Alex. Haveria uma pequena reunião, um coquetel onde conheceria alguns doadores especiais e depois um jantar para um número maior de pessoas, finalizado por uma palestra minha. Era um evento que se destinava aos entusiastas de papagaios.

Durante anos vinha fazendo o mesmo tipo de palestra por todo o país. Eu sempre apresentava as realizações mais recentes de Alex, dentro de um contexto com suas outras habilidades, de modo que a audiência tivesse um quadro maior dos feitos dele, e depois respondia às perguntas. Eram seminários sempre vibrantes, positivos e inspiradores. Sentia-me confortável nesses eventos e nunca precisava quebrar a cabeça pensando no que diria. Aquilo fazia parte de mim. Ao sair de Boston achei que daquela vez não seria diferente e que faria o que estava acostumada. Ledo engano. Ao chegar em Wichita já não me sentia tão segura. À noite já sabia que seria impossível e que teria de fazer algo diferente. Afinal, era a minha primeira palestra após a morte de Alex.

Durante o coquetel todos foram muito gentis e solidários comigo e, no jantar, não foi diferente. O cenário ficou por conta da

Momento A felicidade não se compra

elegância do Hyatt e da excelente refeição que serviram. Na hora da palestra, me levantei da mesa, olhei para todos aqueles rostos voltados para mim e pensei: *o que vou falar?* Não tinha anotações, mesmo tendo decidido que a palestra seria inteiramente nova, diferente de tudo que eu tinha feito. Achei melhor deixar as coisas fluírem e ver o que acontecia. Comecei então a falar dos milhares de e-mails e cartas recebidos e citei alguns dos sentimentos expressados pelos remetentes. Falei dos antigos alunos que tinham escrito para dizer quanto o trabalho com Alex lhes influenciara na carreira e nas escolhas existenciais e que admiravam a minha força para enfrentar as dificuldades e superar as diferenças. Falei do clima aconchegante daquele dia e que nunca havia me sentido como uma mulher forte.

Enquanto falava, em alguma parte da minha mente acontecia uma espécie de sublimação mais ou menos consciente, uma crescente cristalização do verdadeiro significado do extravasamento de minha emoção e do reconhecimento público. Ao mesmo tempo me ouvia recontando as histórias daqueles que haviam dito que Alex mexera com suas vidas e os ajudara em momentos dolorosos. Li o longo e-mail de Wren Grahame que dizia que Alex era um milagre que trouxera um outro milagre para ela, comentando o tanto que me sentira tocada por esse e-mail quando o li pela primeira vez. Falei sobre os artigos do *New York Times* e dos outros jornais, sobre o obituário da revista *Economist*, sobre a matéria da *Nature* e sobre todas as outras coberturas com elogios às realizações de Alex (e minhas) no decorrer dos anos.

Para mim aquele dia de final de setembro tornou-se um momento de sobrecarga emocional. Não cheguei a chorar, mas as lágrimas estiveram presentes o tempo todo, a ponto de muitas vezes interromper o que estava dizendo. Avistava lágrimas em cada mesa daquele salão. Em meio a tudo isso, tomei consciência de algo que amadurecera no decorrer das semanas seguintes à morte de Alex: o que nós dois tínhamos feito acabou trazendo coisas importantes para o mundo e para a vida das pessoas.

Era uma tomada de consciência importante porque, apesar dos feitos de Alex, tanto ele quanto eu fomos bastante caluniados ao longo dos anos. Muitos podem pensar que uma cientista formada e pós-graduada em Harvard, que atuou em diversas universidades, arregimentaria um número expressivo de defensores, mas a minha condição feminina, aliada ao trabalho com uma ave, por vezes mostrava-me o contrário. Algumas pessoas argumentavam que Alex não passava de um mero imitador de vozes humanas e que não pensava. Outros diziam que os meus argumentos sobre o cérebro animal eram vazios. Uma negatividade que tinha grande peso sobre mim, abalando minha autoconfiança e minha autoestima. Durante trinta anos me senti dando cabeçadas na parede.

E de repente aquele peso parecia se dissipar. Histórias como as de Wren Grahame e Deborah Younce e muitas outras me tocaram, evidenciando o impacto que Alex e eu provocáramos na vida das pessoas. Até então não havia reparado nisso. Acabei chamando essa tomada de consciência de *A felicidade não*

Momento A felicidade não se compra

se compra. No filme de mesmo nome, de 1946, George Bailey (interpretado por Jimmy Stewart), um desimportante bancário em algum lugar no meio dos EUA, está tão deprimido pelo que ele considera uma vida sem sentido que resolve suicidar-se na véspera de Natal. George está prestes a se jogar nas águas geladas de um rio quando é impedido por Clarence, um anjo de segunda categoria que ainda precisa obter suas asas. Clarence faz George assistir a cenas de sua própria vida, mostrando como as mais insignificantes ações cotidianas ao longo dos seus anos tinham ajudado muitas e muitas pessoas de um modo que sequer desconfiava. Naquele momento em Wichita percebi que meu Clarence eram as mensagens de todas as pessoas maravilhosas que me permitiram enxergar algo que durante todo o tempo esteve presente e eu não conseguia ver: o trabalho realizado por mim e Alex não fora em vão.

Uma epifania que me fez reconsiderar a minha própria história — e também a de Alex — desde o início.

Capítulo 2

O início

Minha ligação com as aves é antiga. Começou na infância, quando ganhei do meu pai um filhote de periquito no meu aniversário de 4 anos. Era uma trouxinha verde emplumada, coroada por uma cabecinha irrequieta. Fiquei observando enquanto aquela pobre coisinha tremia de ansiedade, trocando os pezinhos no poleiro com rapidez e piando experimentalmente: pipi, pipi, pipi. Depois, empinou a cabeça, olhou-me, empinou a cabeça de um jeito diferente, olhou-me novamente e piou com mais segurança: pipi, pipi, pipi! Fiquei petrificada. "Olá, passarinho", foi minha vez de apresentar-me, com minha voz de criança. Em seguida abri a portinhola da gaiola, ofereci o meu dedo indicador e o periquito deu um passo à frente e subiu no meu dedo. Eu o ergui para nos olharmos e disse: "Olá, passarinho. Quem é você? Como se chama?"

"Vamos chamá-lo de Corkie", disse meu pai. Corkie era o apelido que ele tinha na infância e eu não sabia o porquê. "Não", falei. "O passarinho é meu e vou chamá-lo de..."

Embora tenha tentado de todas as maneiras lembrar o que disse, a verdade é que esqueci o nome pensado com tanta rapidez naquele momento. Aquela trouxinha verde foi tão importante em minha infância e acabei bloqueando o nome dela... Vou chamá-lo de Sem-Nome para poder seguir com a história. Aliás, não é um nome de todo inadequado porque na ocasião eu mesma me sentia uma entidade sem-nome. Era filha única e não havia outras crianças em nossa vizinhança no Brooklyn. Todos os amigos dos meus pais moravam longe e os filhos deles eram muito mais velhos que eu. E minha prima, Arlene, seis meses mais nova que eu e, portanto, uma amiga em potencial, morava no Queens, o que parecia uma grande distância naquela época; sendo assim as visitas eram raras. Enfim, não poderia haver nome melhor.

Minha mãe era o que naquele tempo chamávamos mãe "geladeira": fria e distante, nunca me abraçava espontaneamente nem me dizia palavras amorosas, nunca brincava comigo nem lia para mim. Meu pai lecionava em uma escola primária durante o dia e à noite, graças a um auxílio do governo, estudava para se graduar. Além disso tomava conta da mãe doente, ou seja, eu quase não o encontrava. Até o dia que Sem-Nome entrou em minha vida, eu havia sido uma solitária, sem ninguém com quem conversar a não ser eu mesma. Agora éramos dois, Sem-Nome e eu. Enlouqueci de alegria. Finalmente tinha um companheiro, alguém com quem conversar, alguém que apareceu para se devotar a mim.

* * *

O início

A casa dos meus pais no Brooklyn situava-se na Utica Avenue, não muito distante da Eastern Parkway. Era uma região tão urbana quanto se possa imaginar. Morávamos no segundo andar de uma casa de dois andares construída no final do século XIX que papai herdara de meu avô. A escada que levava ao nosso apartamento parecia aos meus olhos de criança íngreme demais e infinita. No térreo, havia uma loja que sempre era alugada para o primeiro que pudesse pagar. Nos fundos, havia uma casinha de hóspedes onde morava meu tio, Harold. Dificilmente o encontrava.

Era um apartamento muito grande com dois quartos de frente para a rua, um dos meus pais e o outro para os hóspedes, mas, pelo que me lembro, nenhum hóspede apareceu por lá. Na sala central dominava um objeto que era o orgulho do meu pai: uma vitrola fonográfica, um equipamento monstruoso, todo de madeira polida com alto-falantes e pegadores de bronze. Eu passava grande parte do tempo sozinha e colocava valsas de Strauss na vitrola para dançar, girando com floreios, rodopiando, zunindo. Não me lembro como conseguia dançar assim com a idade que tinha e o que pensava enquanto dançava. Mas ainda lembro da sensação de liberdade e alegria que sentia com a música.

Meu quarto ficava nos fundos, com vista para o quintal. Gostava especialmente do papel de parede com motivos circenses: elefantes, tendas e palhaços. Nos fundos, também estava o "escritório" do meu pai, onde esculpia figuras de argila, geralmente cabeças humanas, em suas poucas horas de folga.

ALEX & EU

Adorava observá-lo enquanto narizes, lábios e orelhas emergiam da argila inanimada como num passe de mágica. A porta do escritório tinha vista para uma espaçosa varanda amurada e pintada de branco. No verão colocavam uma piscina inflável ali para eu me divertir sozinha. Por todos os lados, vasos de flores multicoloridas. Meu pai dedicava horas, absorto, a elas, tal como quando esculpia. Quando mais tarde nos mudamos para uma casa, essa atenção voltou-se para o cultivo de violetas africanas no porão durante o inverno e de um assombroso jardim durante o verão.

Eu passava a maior parte da manhã assistindo a programas infantis na televisão. Depois, às vezes desenhava, desenvolvendo o pouco do talento que herdara do meu pai, outras vezes pintava os livros de colorir que ganhava da minha tia. Meus pais desaprovavam o gasto de dinheiro em coisas como essas — ou talvez não tivessem dinheiro para gastar — e então meu pai desenhava círculos e outras formas em folhas de papel para eu colorir, tal como fazia nos ovos de Páscoa. Nunca ganhava brinquedos, sobretudo porque meus pais também não os ganhavam durante sua infância, e, por isso, era algo no qual eles nem pensavam. Tanto papai como mamãe faziam parte de uma primeira geração de americanos: meus avós maternos eram romenos e os paternos, lituanos, e ambos tinham passado por grandes privações. De todo modo, não me preocupava com brinquedos. Era feliz brincando com potes e panelas, destampando e tampando o bule de café. Mas o meu brinquedo favorito eram os botões.

O início

Minha mãe tinha uma gaveta cheia de botões. O pai dela trabalhara no comércio de aviamentos e deixara um suprimento fabuloso de botões de todos os tipos. Passava horas e horas brincando com eles, classificando-os em categorias, algumas óbvias como tamanho, cor e forma, e outras que eu mesma inventava. Às vezes me sentava à mesa de café, organizando meticulosamente, classificando cuidadosamente. Outras vezes deitava no chão do meu quarto, espalhava os botões e os observava bem de perto, como se fosse um caleidoscópio que tinha inventado e que frequentemente parecia ter vida própria. Fosse qual fosse a brincadeira, o que eu queria mesmo era brincar, sem "fazer bagunça", como era constantemente advertida pela minha mãe.

Então Sem-Nome entrou na minha vida e na minha rotina diária. Empoleirava-se no meu ombro e piava muito enquanto eu assistia à TV ou pintava. Mas, assim como eu, ele preferia a gaveta de botões. Quando me entregava à rotina de classificá-los, Sem-Nome bicava as pilhas e puxava os botões com o bico. Tornou-se um verdadeiro jogo fazer com que minhas tentativas de impor uma ordem suplantassem a grande energia destruidora que ele tinha.

Nós também gostávamos de brincar com a máquina de escrever do meu pai. Ficava no escritório dele, do tipo manual, com um carro que corria até o início da linha quando uma alavanca era empurrada e soava um animado *bing* quando um martelinho batia no sino. Antes da chegada de Sem-Nome eu passava muito tempo tamborilando aleatoriamente no teclado, deslizando o carro de volta — *bing* — milhares de vezes. Mas depois Sem-Nome entrou em cena e o jogo tornou-se muito mais divertido. Empoleirava-se no carro da máquina enquanto eu apertava as teclas e se sacudia a cada batida do martelinho. Parecia adorar quando o carro corria de volta e fazia ecoar o *bing*. Piava animadamente e saltava de felicidade.

Sem-Nome nunca aprendeu palavras. Nunca falou comigo. E nem precisava, até onde me dizia respeito. Conversava o dia inteiro com ele, sobre tudo e sobre nada, e ele me olhava como se entendesse e piava entusiasticamente de volta. Para uma criança de quatro anos e meio de idade que carecia de companheiros e amor, Sem-Nome tinha muito para dar. Barbara Kingsolver escreveu em seu livro *Animal Dreams*: "Crianças privadas de amor refugiam-se na magia." Olhando para trás, não consigo imaginar magia maior em minha vida de então do que a intimidade e o amor que tinha pela minha trouxinha verde e emplumada, o meu Sem-Nome.

Mamãe tinha uma boa razão para tanta amargura. Quando se casou, trabalhava como guarda-livros em um escritório de arquitetura, um emprego que ela adorava. Esperava alçar melhores cargos. Logo engravidou e isso significou o fim de sua vida profissional. Era 1948 e naquela época as mulheres não voltavam ao trabalho depois que davam à luz. Não teve outra escolha senão desistir do emprego e da esperança de realização. Ficou amargamente ressentida. Deixava bem claro — ge-

O início

ralmente de maneira explícita — que o motivo de sua ruína, de sua escravidão, era eu. Passava parte do dia obsessivamente ocupada em lavar e passar roupas, em limpar o apartamento, em cozinhar (ainda que não gostasse de comer), e depois limpava tudo outra vez. Na outra parte do dia saía para fazer compras. E em algumas ocasiões me arrastava junto.

Uma vez, pouco antes de Sem-Nome entrar em minha vida, nós duas fomos à padaria comprar pão fresco, o que era um luxo, pois costumávamos comprar pão de forma. (Lembro-me bem porque o incidente foi muito doloroso e atordoante para mim. Além do quê, tornou-se um ícone do que era a minha vida.) A balconista pegou um biscoito e me ofereceu com um sorriso aberto. "Olhe", disse, "quer um biscoito, garotinha?" Eu era extremamente tímida simplesmente por interagir muito pouco com os outros, sobretudo com pessoas estranhas, o que me tornava socialmente inapta mesmo para uma criança de quatro anos. De cabeça baixa com os olhos cravados no chão, talvez esperando que este me engolisse para não lidar com a situação, estendi a mão e peguei o biscoito. Não disse uma única palavra.

A mulher deve ter estranhado minha mudez e meu comportamento estranho. E disse então: "O que se diz, garotinha?" Não fazia a menor ideia do que ela estava falando porque mamãe não me ensinara o que dizer em circunstâncias assim (ou em qualquer outra). Não me ensinara o "por favor" e o "obrigado". Acho que mamãe pensava que eu acabaria aprendendo por osmose. E lá estava eu parada que nem poste, de cabeça baixa e morrendo de vergonha. "Bem, então vai ter de me devolver o biscoito", disse a mulher, talvez para me provocar. Devolvi o biscoito, tentando desesperadamente não chorar.

Mamãe ficou mortificada. Achava-se "educadíssima". Pediu desculpas esfarrapadas pelo meu embaraço e minha timidez e me empurrou porta afora até a rua. Durante o caminho de volta brigou comigo por tê-la envergonhado na frente da esposa do dono da padaria. Eu não fazia a menor ideia do que estava falando. Tudo o que pude compreender é que de alguma maneira tinha me comportado mal e a envergonhado.

Agora imagine pegar essa mesma criança ingênua, socialmente inapta e sem amigos e jogá-la na escola do bairro aos cinco anos de idade. Depois imagine que é a única criança branca da classe. As outras crianças gozavam de mim o tempo todo. Meu cabelo era engraçado. Minha pele era engraçada... Enfim, foi muito traumático ter de sair subitamente de um estado de isolamento no apartamento silencioso dos meus pais e mergulhar naquela pequena sala de aula com outras trinta crianças barulhentas. O escárnio era o que mais me torturava! Tenho certeza de que as crianças não eram intencionalmente cruéis, estavam apenas sendo crianças. Mas o resultado era o mesmo. Pouco tempo depois comecei a ficar muito doente, apresentando todo tipo de sintomas, faltando à escola e obviamente sofrendo de alguma coisa. O pediatra não encontrou nada de realmente sério e o meu pai levou-me a um psicólogo infantil, que disse mais ou menos o seguinte: "Essa escola é um ambiente tóxico para ela. Tem de sair de lá."

O início

Seis meses depois nos mudamos para a Mentone Avenue, em Laurelton, no Queens, não muito longe da minha tia (irmã da minha mãe), do meu tio e da minha prima, Arlene. A casa deles ficava ao norte da Merrick Road, e a nossa, ao sul, uma parte menos nobre do bairro, onde as casas faziam limite com os trilhos da ferrovia de Long Island. A vizinhança era de casas simples, apertadas, separadas por pequenas passagens e com quintais relativamente grandes, construídas no pós-guerra para o retorno dos soldados. O efeito que o lugar produzia era homogêneo e indefinido, mas prazerosamente arborizado em comparação com a outra vizinhança no Brooklyn.

No nosso quintal tinha uma enorme amoreira que atraía os pássaros durante o verão inteiro e, devido ao amor que passara a sentir por eles, fiquei fascinada. Papai colocou um alimentador de pássaros e assim podíamos observá-los o ano todo. O quintal dava para a ferrovia e a casa tremia cada vez que um trem passava. Com a repetição da barulheira e da vibração, logo os trens se tornaram familiares e me acostumei. Ao contrário de Arlene, que, quando me visitava, morria de medo só de pensar que um trem poderia sair dos trilhos, invadir o quintal e nos matar. Foi uma mudança boa para o meu pai porque podia se dedicar mais à paixão dele pelas flores. Plantava e replantava com muita constância. O jardim era a sua alegria, o seu amor. Para mamãe quase nada mudou, se bem que a diferença de ambiente a deixava contrariada. Ela e meu pai brigavam (verbalmente) o tempo todo e eu quase sempre fugia para o sótão a fim de escapar das palavras ríspidas que trocavam. E também costumava usar o sótão para ler e desenhar.

Obviamente, meus pais estavam lidando com seus próprios demônios, mas eu ainda era criança e não tinha consciência disso; tudo o que sentia eram as consequências. Mamãe perdera a mãe aos dezesseis anos e a tarefa de cozinhar e cuidar da casa onde convivia com três irmãos e o pai recaiu sobre ela. O pai não permitiu que terminasse os últimos meses do ensino médio e isso deve ter sido terrível para ela. Já adulta, precisava de alguém que cuidasse dela para que não fosse obrigada a cuidar dos outros mais uma vez. Seu medo contínuo — medo de qualquer coisa nova, medo de se perder quando papai dirigia o carro, medo de dirigir — talvez estivesse enraizado nos tempos incertos de privação pelos quais passara na infância, e depois, no terror que deve ter sentido quando seu jovem marido foi para a guerra e ela passava o mês inteiro sem receber notícias. Era atraente, extremamente fotogênica, sempre elegante quando saía e perpetuamente à espera do impossível.

Com o passar do tempo, compreendi que o temperamento vulcânico do meu pai e a necessidade obsessiva que tinha de controlar tudo e todos faziam parte de um trauma de guerra. De vez em quando falava um pouco sobre a guerra, mas em termos vagos, na maioria das vezes sem dar muita importância. Quando eu tentava obter mais detalhes, ele mudava de assunto ou fazia uma piada, geralmente sobre a inaptidão dos seus comandantes, bem ao estilo *M.A.S.H.* Era evidente que não queria fazer comentários sobre os horrores da guerra. Não

O início

faz muito tempo descobri que participou da batalha das Ardenas (batalha do Bolsão), tendo vivido cenas de tremenda carnificina e semanas de privação que o deixaram ferido, tanto física como psicologicamente. Meu pai e minha mãe lutavam em silêncio contra o passado.

As minhas próprias lutas por companhia melhoraram no Queens. Depois da morte de Sem-Nome tive uma sucessão de periquitos que ainda estão na minha memória. O Verdinho, o Azulzinho, diversos Charlie Bird e outros mais. De baixo custo, não duravam muito porque ninguém sabia direito como alimentá-los e muito menos pagavam cinco dólares para um veterinário cuidar de um passarinho doente. O primeiro verdadeiramente falador foi Charlie Bird número 1. Considerando que me lembro dele e dos outros, causa estranheza não conseguir me lembrar da identidade do Sem-Nome.

No que diz respeito à companhia humana, tive um processo lento. Eu era uma autêntica *nerd* que usava óculos tipo gatinho de armação azul com lentes fundo de garrafa. Admito isso com toda tranquilidade e tenho fotos da época para provar. Eu inclusive pulava algumas séries na escola, de novo me sentia socialmente inapta por estar sempre cercada de crianças mais velhas.

Os que estavam presentes na minha primeira festa de aniversário no Queens: Arlene, minha prima, e o homem que estava pintando o desastre decorativo que era a nossa casa nova. Acho que a princípio as pessoas ficaram desconfiadas, perguntando-se que tipo de família se interessaria em comprar uma aberração arquitetônica como aquela, e acharam melhor nos evitar. Mas depois de muito tempo comecei a fazer algumas poucas amizades. E então descobri que não era a solitária nata e a reclusa social que imaginara. Mas também não posso dizer que era popular.

Durante o verão a maioria das crianças da vizinhança ia se divertir nas colônias de férias. Eu ficava em casa, andando de bicicleta pela vizinhança e lendo freneticamente, uma paixão que partilhava com meu pai. (Não faz muito tempo Arlene me fez lembrar que nós líamos até na mesa de jantar.) Não é surpresa alguma que tenha me fascinado quando li *Dr. Doolittle*. E lá estava eu a tagarelar com Charlie Bird número 1. E lá estava o protagonista do livro que aprendeu a conversar com os animais e a entender o que diziam. Dizem que o primeiro animal com quem dr. Doolittle começou a conversar era um papagaio-cinzento africano chamado Polinésia. Eu vivia sonhando isso acordada, imaginando que um dia conseguiria entender a fala e os pensamentos dos animais.

Eu tinha uma grande amiga no ensino médio, Doris Wiener, e alguns poucos amigos, rapazes em sua maioria. A nossa ligação se devia principalmente ao fato de sermos muito estudiosas. A maior parte do grupo não se concentrava, mas Doris e eu nos voltávamos para a ciência de corpo e alma, entre as muitas garotas da classe éramos as únicas que se interessavam pelo assunto. Estávamos nos anos 1960 e éramos consideradas então esquisitas, e definitivamente não desejáveis como as outras ga-

O início

rotas. Também nos discriminavam por sermos inteligentes, por fazermos parte de um grupo de uns cinquenta alunos que frequentava aulas especiais.

Nos meus últimos anos do ensino médio eu já era uma *nerd* de carteirinha; estava com 14 anos no meu primeiro ano do ensino médio, dois anos mais nova que a maioria dos colegas de classe. As garotas exageravam na maquiagem do momento e desfilavam roupas cheias de estilo. Eu quase não usava maquiagem (no máximo uma linha fina de delineador marrom) e precisava me virar com roupas de segunda mão. Apesar disso, desenvolvi uma certa autoconfiança, parcialmente devido ao florescimento de uma paixão pela música clássica (lembra das valsas de Strauss?) e pelo teatro; tornou-se habitual conseguir ingressos bem mais baratos para os shows da Broadway e do Carnegie Hall como prêmio ao nosso destacado desempenho intelectual e eu amava cada minuto daquelas excursões. E comecei a me dar conta do meu valor intelectual. Eu era extremamente analítica.

Comecei a perceber essa minha parte analítica quando fui apresentada à tabela periódica de elementos nas aulas de química. Nossa tarefa era aprender aquela tabela, um desafio gigantesco de memorização, com seus noventa e poucos elementos dispostos em fileiras e colunas. E depois saber como os elementos reagiam uns com os outros. Fui abençoada com um certo grau de memória fotográfica e aprender a tabela não foi um problema. Pelo mesmo motivo eu me dava bem em história e francês, por exemplo. Primeiro memorizei a informação sobre os elementos e logo tive um lampejo de que deveria haver padrões e uma ordem que tornava tudo previsível.

Descobri, por exemplo, que uma vez que soubesse como o sódio reage, também saberia como o potássio reage. Uma vez decorado o lugar onde cada elemento se situa na tabela, também se saberia como reage com outros elementos. Adorava isso, adorava a previsibilidade dos padrões. Não se tratava de memorizar um punhado de besteira, tratava-se de lógica, e assim me vi seduzida por uma beleza que me compelia. Eu também era excelente no francês, e ganhei muitos prêmios por isso. Mas sabia que mais dia menos dia teria de me sustentar e aparentemente a ciência oferecia mais perspectivas do que as letras. Durante todo o tempo do Ensino Médio me convenci de que teria de buscar uma carreira no campo das ciências biológicas. Não resta dúvida de que meu pai me encorajou nesse sentido por interesse próprio; ele queria ser bioquímico, mas a Depressão e a Segunda Guerra Mundial interferiram. Após a epifania da tabela periódica, eu me dei conta de que queria ser química e não bióloga. Tinha sido fisgada.

Estava tão empolgada que no verão que antecedeu a minha entrada na faculdade resolvi participar de um grupo de 24 outros estudantes do ensino médio no Queens, um grupo quase que só de rapazes, para fazer um curso extensivo de calouros em uma escola de química. Era um curso equivalente ao ano escolar de química em pouco mais de seis semanas das minhas férias e preferi isso a me divertir na praia ou fazer qualquer outra atividade "normal" dos adolescentes em férias. Achei

O início

que seria divertido, mas na realidade era uma viagem cansativa até o Queens College, em Flushing. E isso não era nada face à dureza do próprio curso.

Eu me saí bem, mas devo admitir que era absolutamente terrível. O que estava pensando? Mas teve um lado bom, isso quase no final das seis semanas. Estávamos na aula de laboratório e recebíamos orientações de um professor. Ele estava acompanhado de um assistente que demonstrava explicitamente a sua infelicidade por ter de estar naquele lugar em pleno verão. Ele provavelmente estava amaldiçoando a hora em que foi indicado para cuidar daqueles fedelhos do ensino médio, impedindo-os de morrer dentro de um laboratório. As janelas estavam abertas porque fazia calor e um periquito amarelo entrou por uma delas por distração, é claro, e começou a voar assustado por entre o material do laboratório. Os bicos de Bunsen estavam funcionando e havia muito equipamento perigoso que poderia ser detonado pela curiosidade do periquito. O instrutor gritou histérico: "Tirem-no daqui! Tirem-no daqui!"

Gritei de volta: "Calma, calma, está tudo bem. Vou pegá-lo."

Pedi para que todos apagassem os bicos de Bunsen e coloquei um pratinho com água em um dos cantos da sala, solicitando que ficassem quietos e calmos para não assustar ainda mais o passarinho. Pouco depois, ele pousou na borda do prato e começou a beber com vontade. Era evidente que o pobrezinho estava com muita sede. Consegui pegá-lo e o levei para casa. Planejava ficar com aquele periquito, mas Charlie Bird pensava diferente. Começou a brigar com o (para ele) indesejado recém-chegado, e tive de colocar um anúncio no jornal para tentar localizar o antigo dono. No dia seguinte, uma garota telefonou e disse em prantos: "Esse pássaro não é meu, mas acabo de perder o meu e estou realmente muito triste. Se ninguém quiser ficar com ele, eu quero muito." E assim o cedi com alegria (o que provavelmente Charlie Bird também sentiu) para ela.

Em momentos muito especiais relembro o episódio e concluo que foi como se o universo estivesse tentando mostrar em que lugar estava o meu coração: na biologia, particularmente nos pássaros, e não na química. Mas já estava decidida. A única questão era onde fazer a faculdade.

Eu pensava alto. E por que não? Acabara de me graduar em terceiro lugar em uma turma de 1.600 alunos e estava apenas com 16 anos. A princípio pensei na excelente Ivy League, em Cornell, porque outras garotas da escola tinham ido para lá e minha prima também. Mas duas coisas aconteceram. Primeiro, meus pais souberam que eu poderia me preparar para a Ag School, em grande parte sustentada pelo Estado, e insistiram em que o fizesse; economizariam muito dinheiro, mas isso dificultaria a minha especialização em química. Depois, descobri que a cidade era um ovo, tinha 14 bares e dois cinemas. Descartei essa opção. Claro que estou brincando, mas o fato é que realmente queria um lugar com uma presença artística maior. Visitei Boston e me apaixonei pela cidade devido às possíveis opções em relação à música e ao teatro. A escolha óbvia seria

O início

Radcliffe, o que significaria estudar em Harvard, que tinha um ótimo departamento de química. Ao comunicar esta escolha ao meu orientador, ele disse: "Por que não tenta a Vassar?"

Respondi: "A Vassar é uma escola para garotas. Por que desejaria ir para lá? Sou especializada em *química*."

Ele então me surpreendeu, sugerindo: "Tudo bem, por que então não se prepara para o MIT?"

Fiquei chocada. "O quê? Garotas não vão para o Instituto de Tecnologia de Massachusetts."

"Vão, sim", ele retrucou. "Poucas, mas vão." Uma delas estudara na escola onde fiz o ensino médio. Ela iria para as festas de fim de ano e ele me arranjou um encontro.

"Sim, tem algumas garotas lá", ela disse. "Na verdade, o MIT está tentando aumentar o número de alunas. Todo ano entram umas vinte ou trinta garotas." A primeira coisa que me passou pela cabeça foi que o instituto ficava perto de Boston e que valia a pena tentar.

Radcliffe colocou-me em uma lista de espera. O MIT me aceitou e cinco meses após o meu aniversário de 16 anos, ainda precisando aprender muito sobre como levar uma vida social, sem mencionar que não fazia ideia de como poderia viver longe de casa, eu fiz as malas e ingressei naquele assustador baluarte machista do conhecimento. Levei Charlie Bird número 2 comigo, mas só no segundo ano, quando consegui um quarto apenas para mim.

* * *

Charlie Bird era minha companhia constante — para o meu consolo — naquele ambiente de alta pressão acadêmica que era (e ainda é) o MIT. Tentar competir com a violenta carga de trabalho, parte da cultura lá, é como tentar beber água de uma mangueira de incêndio. Isto, combinado à *hipernerdice* que também é parte da cultura do MIT, pode se tornar uma experiência solitária e miserável para o estudante, especialmente para uma garota não muito popular. Quando voltava de noite para o meu quarto, era sempre recebida por Charlie Bird com um piado amoroso que me soava como uma dádiva depois de um penoso dia de estudo. Enquanto eu lia os textos indicados, ele alisava a plumagem verde com o bico e se punha a cantar e tagarelar. Mantínhamos uma "conversa" que geralmente era a única do dia não relacionada ao trabalho, pelo menos no início dos quatro anos que passei lá.

Certa vez eu fui até o assistente de um professor para esclarecer algumas questões pendentes de uma reunião que ocorrera uma semana antes, e de repente ele disse: "Sei que pode parecer estranho, mas, depois que você saiu da reunião naquele dia, o chão estava cheio de peninhas verdes. O que era aquilo?" Obviamente eram de Charlie Bird e deviam ter caído nas páginas do livro quando ele alisava as penas com o bico enquanto eu lia. Tinham se amontoado no chão enquanto o assistente e eu virávamos as páginas do livro. É uma das poucas lembranças dos meus primeiros anos no MIT que até hoje me fazem sorrir.

Apesar da bolsa de estudos do MIT e da pequena ajuda enviada pelos meus pais, o meu dinheiro era apertado devido ao

O início

custo excessivo do ensino, dos livros e do alojamento. Tentava economizar o máximo possível e nos últimos dois anos eu praticamente vivia de suco de tomate, ovos cozidos, café instantâneo e um sorvete que comprava na pequena lanchonete do campus. O rapaz que me atendia logo notou a minha situação e passou a servir algumas colheradas extras de graça.

A penúria financeira aliada à minha dificuldade de sociabilização deixou-me ainda mais fascinada pela química, especialmente a teórica, e pelo padrão, a ordem e a previsibilidade de suas equações. E também fiquei fascinada por um homem. David Pepperberg fazia doutorado no MIT e estava tendo problemas com química orgânica, meu forte na ocasião, enquanto eu passava pela mesma dificuldade com eletricidade e magnetismo, o forte dele. E assim um ajudava o outro. Em pouco tempo estávamos namorando firme.

A essa altura me imaginava batalhando por uma carreira em química, provavelmente como professora universitária. Isso ainda deixava o meu pai um pouco desapontado porque ele amava demais a biologia. Mas pelo menos a química era uma ciência verdadeira, ele dizia. O doutorado era portanto um próximo passo fundamental para mim e, como David ainda não tinha terminado a tese dele de Ph.D., eu não queria me distanciar muito de Cambridge. Quando me candidatei para Harvard com a intenção de fazer química teórica, os meus amigos disseram: "Você só pode estar maluca." O departamento de química da Harvard tinha reputação acadêmica no mundo inteiro. E também era reconhecido mundialmente pelo seu machismo excessivo. Raramente se via mulheres lá dentro. (Mais tarde fiquei sabendo que em relação aos outros departamentos apresentava uma alta taxa de suicídios e, tendo sobrevivido àquela pressão estafante, a notícia não me causou surpresa.)

Ao mesmo tempo que apresentava a minha candidatura no ano de 1969, o governo dos Estados Unidos passava a negar isenção militar aos homens que estavam prestes a entrar na universidade. A princípio a guerra do Vietnã impulsionara o alistamento voluntário e na ocasião o substituía pelo recrutamento. O departamento se viu obrigado a aceitar um número maior de mulheres que de costume porque precisava de assistentes de ensino. Eu era uma entre meia dúzia de mulheres de uma turma de 15 alunos. Logo tive uma visão clara de como as mulheres eram vistas no mundo da química avançada voltado exclusivamente para o gênero masculino.

David e eu ficamos noivos pouco depois da minha entrada em Harvard e orgulhosamente passei a usar um anel antigo com um enorme diamante que pertencera à avó dele. Lembro que pouco antes da Páscoa fui até à administração resolver uma formalidade do curso. "Oh, é um anel de noivado?", disse empolgada a mulher atrás de uma mesa. Assenti e estiquei a mão com altivez para que o olhasse. "E quando é que você vai sair?", ela perguntou.

O feriado estava próximo e respondi: "Sairemos um pouco antes para a Páscoa, na quarta-feira à tarde."

O início

A mulher olhou-me com um ar confuso, sacudiu a cabeça e disse: "Não, não é isso. Você sabe o que quero dizer... quando é que vai sair do departamento?"

"E por que sairia?", retruquei, sem fazer a menor ideia do que ela queria dizer.

Ela apontou para o meu anel e disse: "Porque está noiva", como se a explicação bastasse. Obviamente, achava que eu deveria ficar em casa depois de casar para cuidar da casa do meu marido enquanto produzia bebês; quando muito, com um tipo de trabalho desvalorizado como o dela e certamente sem ocupar um espaço importante naquele departamento para não tirar o lugar de honra de um homem.

Falei que não tinha intenção de largar o departamento e saí da sala. Não seria forçada a fazer a mesma coisa que minha mãe fez no passado.

Casei-me com David e ele se mudou para o meu minúsculo apartamento no segundo andar de uma casa de três andares na Hammond Street, bem atrás da escola de Teologia de Harvard, uma das vizinhanças aconchegantes de Cambridge. Charlie Bird ficou com a gente. Não era uma vida fácil; David realizava experiências que podiam durar até 36 horas e chegava em casa nas horas mais estranhas, e eu frequentava cursos difíceis e tentava desenvolver um projeto de pesquisa.

Poucos anos depois, o ardente caso de amor que antes eu tinha com a química teórica começou a esfriar. Parte da desilusão se deu pela mudança de percepção quanto aos meus projetos de carreira. Algumas mulheres da minha turma que não faziam química teórica e que, portanto, estavam mais próximas de doutorar-se, me disseram que vinham enfrentando um forte machismo no recrutamento de emprego. Ouviam perguntas como "você usa algum tipo de controle de natalidade?" ou "então é casada, quando pretende ter filhos e largar o emprego?". Isso aconteceu no início dos anos 1970 e o movimento feminista ainda tinha uma longa estrada para trilhar.

A própria matéria estava erodindo a minha paixão. Queria calcular como as moléculas poderiam interagir, como as reações se davam com base na compreensão de suas propriedades. E, em vez disso, passava cada vez mais tempo envolvida rodando programas de computadores da IBM, fazendo cálculos longos e complicados que envolviam a digitação de um sem número de cartões perfurados e ainda passando horas a fio para descobrir um único estúpido erro que danificara o programa. Naquela época os computadores eram primitivos e esse tipo de trabalho era exaustivo e enfadonho. Eu estava pronta para uma mudança, mas ainda sem plena consciência disso. Precisava então de um empurrão.

Um famoso piromaníaco local providenciou o empurrão. Durante a noite de 8 de novembro de 1973, ele ateou fogo na garagem de cinco casas em Cambridge. Nossa casa na Hammond Street foi a última de sua lista incendiária e, como os bombeiros da cidade estavam ocupados com as outras casas, tivemos de esperar a chegada de uma tropa com um caminhão de So-

O início

merville, uma cidade vizinha. A casa foi destruída e só tivemos tempo de pegar algumas peças de roupa. Felizmente, David entregara a sua tese duas semanas antes e Chet, nosso último periquito, morrera na semana anterior, vítima, acho, do monóxido de carbono que vinha da garagem no térreo. O incêndio nos transformara em pobres desabrigados.

Harvard teve pena de mim e ofereceu um incentivo financeiro por um semestre. John Dowling, orientador do pós-doutorado de David, levou-nos para a casa dele em Lincoln, a cerca de 15 quilômetros de Cambridge; em troca da hospedagem eu fazia o jantar e, com David, ajudava a tomar conta dos dois filhos dele. Em março, a PBS estreou a série NOVA dedicada à ciência e à natureza. Antes do incêndio eu não teria visto o programa porque não tínhamos muito tempo para assistir à televisão. Mas como estávamos na casa de John, às vezes assistíamos, principalmente quando o episódio era de alguma forma educacional e despertava o interesse dos dois meninos.

O tema de alguns dos primeiros programas a que assistimos era a linguagem dos golfinhos e dos chimpanzés sob a tutela dos pesquisadores de umas tantas universidades. Um outro se voltou para o canto dos pássaros e ainda lembro do choque que aqueles programas me causaram. Eles foram uma revelação. Humanos comunicando-se com animais, animais comunicando-se com humanos e humanos aprendendo como os animais comunicavam-se... enfim, para mim, uma espécie de milagre.

Sabia vagamente que uma mulher chamada Jane Goodall estava na África, estudando os chimpanzés. E também sabia vagamente que três pesquisadores europeus — Karl von Frisch, Konrad Lorenz e Nikolaas Tinbergen — tinham ganhado o prêmio Nobel no outono anterior pelos estudos de algum aspecto do comportamento animal, mas não tinha absorvido o assunto e por que era importante. Não me passava pela cabeça que pesquisadores de renome realizavam estudos sérios sobre como os animais viviam e como suas mentes funcionavam. E definitivamente não estava informada de que um homem chamado Donald Griffin, que ganhara notoriedade por ter descoberto como os morcegos navegam (via sonar), liderava uma revolução na forma com que os biólogos entendiam a mente e o pensamento dos animais. Não se esqueça, o MIT não era exatamente um lugar que lidava com esse tipo de tópico e eu ainda não tinha entrado em contato com essas pesquisas.

Sendo assim, nem desconfiei — de forma instantânea e inevitável — que ali estava o meu futuro. Não fazia ideia do que faria e nem como, mas algo naquele momento me fez ter uma daquelas raras "sensações" que se tem quando se "sabe" o que é o certo e qual caminho seguir. Pela falta de conhecimento do corpo complexo da biologia animal — as aulas no ensino médio limitavam-se ao aparelho digestório e coisas afins —, não seria de surpreender que até então não tivesse me ocorrido pensar com seriedade no estudo dos animais como uma carreira; ainda não tinha acordado no meio da noite, cogitando, *ora, ora, acho que poderia estudar a comunicação entre humanos*

O início

e animais em vez de quebrar pedras com uma química que já não me satisfaz. E assim lá estava eu pronta para deixar de lado anos de trabalho universitário, de forte compromisso e esforço, para estudar química e fazer disso uma carreira, a fim de embarcar em uma aventura para a qual eu não tinha nem conhecimento nem treinamento.

John Dowling, nosso anfitrião, era professor no departamento de biologia em Harvard, e, portanto, a pessoa ideal para me orientar. Eis o que ele disse: "Sim, a pesquisa do comportamento animal é uma ciência verdadeira, e aqui em Harvard realizamos alguns estudos sobre o assunto. Se você está tão interessada nisso, por que não vai até o museu de zoologia comparada e conversa com o pessoal de lá?" Fui, e como resultado da conversa comecei a frequentar cursos e seminários a respeito do comportamento dos pássaros, cognição infantil e linguagem. Além disso, lia com voracidade: tudo e mais o que fosse preciso para me preparar e chegar aonde queria chegar. Continuava a cumprir a carga horária necessária para o término do meu doutorado em química, mas já tinha recebido um novo chamado.

Tomei conhecimento do trabalho pioneiro sobre a comunicação entre humanos e chimpanzés de pessoas como Allen e Beatrice Gardner, David Premack e Duane Rumbaugh. Ouvi as declarações de Peter Marler sobre as descobertas dele sobre como os pássaros aprendem os seus cantos. Estava capturada por essa nova área da ciência, totalmente nova para mim e também nova para a própria ciência, porque aqueles pesquisadores estavam explorando um tema desconhecido. Além de levantar a possibilidade de ensinar rudimentos de linguagem humana para os animais, eles provavam a extensão do pensamento e da comunicação animal. O conhecimento científico da época insistia na tecla de que os animais eram um pouco mais que autômatos sem raciocínio e que simplesmente respondiam aos estímulos do ambiente. O surgimento daquela nova ciência revertia completamente esta visão. Era uma verdadeira revolução e eu queria fazer parte dela.

Minha única questão era a seguinte: "Que animal estudar?"

A resposta era óbvia. Os pássaros aprendem os seus próprios cantos e, pela experiência que tinha com os periquitos, eu sabia que poderiam aprender palavras (pelo menos alguns pássaros). Outros estavam trabalhando a comunicação entre humanos e animais com ajuda de chimpanzés. Ninguém trabalhava com pássaros. Eu sabia que os pássaros são inteligentes e estava certa de que poderiam fazer isso.

Além disso, do ponto de vista prático, trabalhar com pássaros seria muito mais fácil que trabalhar com chimpanzés. Eu precisava de uma espécie capaz de aprender a falar, ou seja, papagaios e espécimes da mesma família ou corvídeos (corvos, gralhas e aves semelhantes). Não levei muito tempo para descobrir que os papagaios eram melhores faladores que os corvos e seus parentes, e que o espécime que aprendia mais rápido e falava com mais clareza era o papagaio-cinzento africano. Seria um cinzento.

Hoje em dia os cinzentos são as mais populares aves de estimação. Na verdade, os papagaios têm uma longa história como

O início

bichos de estimação, calculada em torno de quatro mil anos. Os hieróglifos egípcios mostram imagens de papagaios de estimação, e as famílias nobres, tanto romanas quanto gregas, também tinham papagaios-cinzentos. Henrique VIII, rei da Inglaterra, era outro que os tinha por perto. E, claro, foram populares entre os marinheiros portugueses durante muito tempo como companheiros nas longas viagens. Isso sem falar que essas criaturas esbanjam beleza; apresentam uma delicada plumagem cinza e branca com uma área branca ao redor dos olhos e uma brilhante cauda vermelha. Eu também aprendi que os cinzentos adoram atenção e que estabelecem fortes laços emocionais com seus donos.

Decidi, no entanto, que isso não poderia acontecer entre mim e o meu papagaio-cinzento; escolhera a espécie para um estudo animal porque se mostrava mais inteligente e não para ser um bichinho de estimação. Otto Koehler, biólogo alemão, apresentara um trabalho revolucionário nos anos 1950, no qual mostrou que os papagaios-cinzentos tinham uma facilidade incomum com números, e um dos assistentes dele, Dietmar Todt, indicou que os cinzentos aprendiam a falar com facilidade por meio da interação social. Afora isso, a ciência não dominava muito mais sobre essas aves. Entretanto era suficiente para mim.

Terminei o meu doutorado em química teórica em maio de 1976, e David aceitou um cargo no departamento de ciências biológicas da Purdue University, em West Lafayette, Indiana, que teria início no dia 1º de janeiro de 1977. Minha expectativa era encontrar alguma forma de iniciar a minha própria pesquisa por lá. Em junho de 1977 fomos de carro até a Noah's Ark, uma loja de animais de estimação nas proximidades do aeroporto O'Hare, em Chicago, para pegar o meu papagaio-cinzento. Nos meses anteriores já tinha feito diversos contatos com o diretor do departamento de aves da Noah's Ark e sabia que havia oito pássaros criados em cativeiro que estavam disponíveis.

Era um lugar enorme, ouvia-se o rumor de uma variedade de bichinhos potencialmente de estimação e de prováveis compradores. O diretor do departamento nos recebeu e mostrou onde estava a gaiola com oito cinzentos, todos com cerca de um ano de idade. "Qual deles a senhora quer?"

Dei de ombros porque não sabia como escolher. De todo modo, racionalizei comigo mesma que seria melhor deixar ao acaso, uma vez que meu objetivo era um estudo científico que refletiria as capacidades cognitivas dos papagaios-cinzentos em geral. "Por que o senhor não escolhe um para mim?", disse.

"Está bem", ele apanhou uma rede, abriu a porta da gaiola e pegou a ave que achou mais conveniente. Depois a pôs de barriga para cima sobre uma mesa, aparou as asas, as garras e o bico, e a colocou dentro de uma pequena caixa. Mais informal, impossível.

A viagem de volta para Lafayette durou três horas e meia. Deve ter sido difícil para aquela criaturinha confinada no es-

O início

curo, separada do bando com quem tinha vivido por pelo menos seis meses. Levei a caixa para o laboratório que me fora cedido pelo departamento de ciências biológicas e coloquei-a na mesa perto de uma gaiola própria para papagaios que posicionara no canto da sala a fim de que tivesse a melhor sensação de segurança possível. David calçou um par de luvas resistentes, abriu a caixa, pegou o pássaro que estava se debatendo e finalmente o pôs na gaiola. (David sempre era solicitado para fazer coisas que poderiam traumatizar o pássaro porque eu precisava estabelecer com este uma relação de confiança.)

É evidente que naquele momento o bichinho não confiava em nada e em ninguém, muito menos em mim. Tremia, grasnava nervosamente e saltitava de um pé para o outro no poleiro. Claro que a pobre criatura estava em estado de choque. E também estava assustado com o periquito Merlin que ocupava uma gaiola do outro lado da sala. E de sua parte, Merlin estava muito mais assustado que ele.

Meu cinzento parecia bastante desconfortável, tremendo e insignificante, mas lá estava o pássaro que eu esperava que mudaria um dia a forma com se pensava a mente das criaturas diferentes do humano. Lá estava o papagaio-cinzento que mudaria para sempre a minha vida. Não consegui deixar de lembrar de Sem-Nome, o periquito que 28 anos antes transformara a minha vida. Sem-Nome pesava apenas uns 30 gramas e media alguns centímetros de comprimento. Aquele meu cinzento recentemente adquirido era muito maior, pesava meio quilo e tinha 25 centímetros de altura. Mas era muito nervoso e tão medroso quanto Sem-Nome.

Dessa vez, no entanto, o meu novo pássaro tinha um nome. Chamava-se Alex.

Capítulo 3

Primeiras identificações de Alex

té hoje não sei quem estava mais ansioso naqueles primeiros dias que passamos juntos, se Alex ou eu. Só sei que estava nervosa e a pobre ave traumatizada também parecia estar. Afinal, depois de ter sido tirado de um lar onde vivera por muitos meses, se viu atirado em outro lugar completamente novo, uma pequena sala ocupada por um periquito assustado e alguns humanos desconhecidos. Eu me considerava familiarizada com pássaros, mas nunca tinha tido um espécime tão grande e me sentia para lá de insegura quanto a melhor forma de criá-lo. Sabia que alimento e bebida lhe dar. Sabia que no início teria de ser gentil e falar em voz baixa com ele, e recompensá-lo com presentes. Sabia perfeitamente que teria de me esforçar para que confiasse em mim.

O começo não foi nada bom. No segundo dia, Alex continuou arisco e assustado com o periquito. Decidi transferir a gaiola de Merlin para uma outra sala. Depois me voltei novamente para

Alex e tentei encorajá-lo a pousar no meu braço. Apesar de minha abordagem verbal gentil, ele não ousou sair da gaiola. O telefone da sala ao lado tocou e saí para atender. Quando voltei ao laboratório um ou dois minutos depois, Alex tinha saído da gaiola. *Que ótimo! Progresso.* Ofereci uma fruta e ele fuçou, mas não comeu. Ofereci o meu braço para pousar e ele pousou. Imaginei que nunca tinha feito isso no braço de alguém. *Mais um progresso.*

Não durou muito. Ainda visivelmente assustado, Alex tentou voar e caiu no chão devido às asas que tinham sido cortadas na loja. Grasnou de forma patética, batendo as asas com violência. De repente havia sangue espalhado por todo lado. Uma nova pena da asa estava quebrada. O pobre Alex ficou apavorado e eu também, mas tentei aparentar tranquilidade para que ele não ficasse mais nervoso do que já estava. Por ter lidado com penas quebradas dos meus periquitos, eu sabia o que fazer. Mas me via com um pássaro muito maior e muito mais apavorado e não com um periquito de estimação adaptado. Isso tornava a coisa mais difícil e mais arriscada. Levei algum tempo para pegá-lo, e consegui remover a pena e colocá-lo na gaiola. Claro que ele ficou tremendamente abalado. "Hoje, com medo de mim, Alex não saiu mais da gaiola", escrevi no diário que iniciei na chegada dele. Quem poderia culpá-lo?

Nos dias seguintes, Alex tornou-se gradualmente mais corajoso. Começou a sair espontaneamente da gaiola, mas ainda desconfiava muito de mim. No terceiro dia pousou por acaso na minha mão: na tentativa de me evitar, ele acabou pousando em cima de mim por alguns segundos. Comecei a oferecer ob-

Primeiras identificações de Alex

jetos como papel e pedaços de madeira para explorar as preferências dele. O meu plano era começar pelo ensino por meio de sons identificadores, ou marcas para as coisas que ele gostava, achando que isso aceleraria o processo de aprendizado. Descobri então que ele gostava muito mais das fichas de arquivo que de comida. Mastigava-as com entusiasmo e rapidamente transformava tudo em pedacinhos.

O quarto dia foi muito melhor. Mais uma vez Alex saiu espontaneamente da gaiola e ficou pousado por sua própria conta em minha mão por pouco tempo. Continuava a gostar de mastigar papel. Quando lhe dava papel, eu dizia coisas como "*papel*, olhe aqui o *papel*", enfatizando o som identificador. Marion Pak, uma amiga que se oferecera para ajudar a treiná-lo, apareceu pela primeira vez para conhecê-lo. Sem problema algum, ele imediatamente pousou em sua mão e ficou com ela por uma hora, aparentando estar muito feliz. E por que não estaria? Não tinha sido ela que o sujeitara à tortura dentro de uma caixa escura e que o jogara no chão e que lhe quebrara a pena...

Eu precisava da ajuda de Marion com Alex porque usaria uma forma modificada de um método de treinamento que pesquisara em Harvard. Mais tarde irei descrevê-la com mais detalhes. Por ora digo que fundamentalmente o método envolve dois treinadores em vez de apenas um como é muitas vezes aplicado e que esses dois faziam perguntas entre si sobre um som identificador/objeto enquanto Alex observava. Depois, ambos o interrogavam, utilizando as mesmas palavras. O objetivo era fazê-lo aprender dentro de um contexto social.

ALEX & EU

Era um procedimento radicalmente diferente daquele que era tido como normal. Naquele dia, Marion e eu começamos o treinamento com o item a ser identificado "papel".

Depois que Marion saiu, continuei com Alex por mais uma hora. Eu o ignorava de propósito até que ele fizesse algum ruído e então o recompensava com papel, dizendo outra vez: "*Papel*, Alex, olhe aqui o *papel*." Os proprietários de papagaios afirmam que essas aves são capazes de aprender espontaneamente algumas palavras aleatórias, mas isso é diferente de ensinar uma comunicação significativa. O primeiro passo no treinamento de Alex, ainda que um pequeno passo, seria ligar qualquer novo som ao simples objeto, papel, como Marion e eu fizéramos no treinamento anterior. Ele só conseguira vocalizar alguma coisa que soou como "Auf", aparentemente um áspero ruído subvocal exploratório que fez de maneira aleatória. Eu lhe ofereci uma ficha de arquivo e disse: "Tudo bem, Alex, temos um longo caminho pela frente, amigão." Ele não disse nada, limitou-se a continuar picando o papel e a limpar o bico. Mas finalmente começáramos a trabalhar em conjunto.

A ideia de iniciar o treinamento com "papel" se mostrou péssima porque é muito difícil fazer o som "pa" quando não se têm lábios. Mas como tinha sido o próprio Alex que escolhera, permanecemos com o item papel.

Nas quatro ou cinco semanas seguintes continuei a forçá-lo, forçá-lo para que conseguisse mais e mais. Durante o treinamento, por exemplo, Marion e eu ficávamos à espera de algum tipo de pronúncia com duas sílabas — semelhante a "pa-pel"

Primeiras identificações de Alex

pelo menos no ritmo, porque obter o som verdadeiro não era possível — antes de premiá-lo com o objeto papel. Isso é o que se chama de "envelope acústico", ou seja, o formato sonoro da palavra. Nós também lhe apresentamos uma chave prateada para que Alex não associasse a verbalização apenas com papel. Ele se tornou firmemente mais vocal, passando a produzir sons como "a-é" quando lhe mostrávamos o papel e perguntávamos "o que é isto?" e "vê" quando mostrávamos a chave e fazíamos a mesma pergunta. Às vezes, confundia-se e combinava os sons "vê-é". Mas, definitivamente, estava aprendendo.

Em poucas semanas de treinamento Alex já estava utilizando marcas vocais para identificar determinados objetos. Não se limitava a meramente nos imitar ou papaguear. A primeira indicação real disso aconteceu no dia 1º de julho. Eu tinha percebido que ele gostava de limpar o bico com papel, principalmente depois de ter comido alguma coisa menos simples como frutas, por exemplo. Geralmente lhe dava maçã, sabendo que precisaria do papel, o que a princípio ele indicava por meio de uma vocalização inteiramente indecifrável. Naquele dia, porém, dei a maçã mas esqueci do papel. Estava no topo da gaiola como de costume e lançou-me um olhar do tipo *tudo bem, moça, qual é o problema?*, o mesmo que depois lançou tantas vezes durante os muitos anos de nossa convivência. Foi até a beira da gaiola, olhou para a gaveta onde estavam as fichas de arquivo e disse "a-el", ou algo parecido com isso. Aquilo certamente não era o som ligeiramente grave que fazia de modo espontâneo.

Fiquei excitada, mas precisava me certificar de que não fora um acidente. Dei-lhe o papel como recompensa pelo primeiro "a-el" e ele o mastigou alegremente durante algum tempo. Depois, mostrei um outro pedaço de papel e perguntei o que era. Ele disse "a-el" novamente. E de novo o recompensei. O processo repetiu-se meia dúzia de vezes. Obviamente, na sétima vez já estava saturado. Começou então a alisar as penas com energia e a tagarelar com sua voz grave. Alex era capaz de me fazer entender quando se cansava das lições!

"Que dia!" Foi uma expressão que anotei na folha do meu diário referente a 4 de agosto. Naquele dia Marion o treinara outra vez comigo. "[Alex] Foi formidável!", escrevi. "Está disciplinado e nos deu os objetos — e até melhorou a pronúncia." Ele tinha conseguido articular o melhor som de "p" ao dizer "pa-el". E o esmero dele na pronúncia de "chave" (key, em inglês) progredira de maneira fantástica. "Foi como se finalmente tivesse feito a conexão", continuei triunfante. Foi um momento de completo deslumbramento por ele.

A anotação do dia seguinte começa assim: "Hoje Alex está totalmente estúpido! Age como se tivesse esquecido tudo o que fez ontem! É quase impossível conseguir que fale CHAVE com decência. PAPEL, então, nem se fala. O que houve?" Foi no mínimo frustrante. Fiquei desnorteada. Alex, por sua vez, parecia totalmente feliz. Quando lhe dei uma banana, comeu-a com alegria e emitiu sons suaves. Ele já estava ficando deslumbrante porque novas penas substituíam as que tinha arrancado naquele seu nervosismo inicial. Fiquei especialmente

Primeiras identificações de Alex

admirada com as novas penas vermelhas da cauda. Mas "papel" e "chave" pareciam estar longe de sua mente.

Só depois soubemos que este padrão de comportamento é normal. Jean Piaget, psicólogo suíço, afirmou uma vez que as crianças precisam de tempo para assimilar alguma coisa nova que aprendem antes de começar a utilizá-la. Anos depois passamos a gravar o blá-blá-blá que Alex fazia quando ficava sozinho à noite e frequentemente o ouvíamos "praticando" com muita clareza uma palavra que acabara de aprender, mesmo que a tivesse falado de maneira errada no início do dia. É quase certo que durante as noites dos dias 4 e 5 de agosto Alex tenha treinado com alegria, repetindo "pa-el" e "a-ve" para si mesmo. Mas não tivemos meios de comprovar.

Mais tarde ele apresentou uma outra pista da compreensão que tinha dos sons relacionados aos objetos. Passadas algumas semanas depois daquele momento de deslumbramento, identificou corretamente uma chave vermelha como "chave" embora o tivéssemos treinado apenas com chaves prateadas, ou seja, sabia que uma chave era uma chave, independentemente da cor que apresentava. Era a primeira demonstração daquilo que os psicólogos chamam de "transferência". Essa capacidade cognitiva vocal até então não tinha sido observada nos animais não humanos, nem mesmo nos chimpanzés. Isso foi um verdadeiro bom começo.

Aqueles primeiros meses, no entanto, não foram apenas de momentos de revelação, e o diário prova isso. Além do episódio do dia 5 de agosto, onde registro "hoje Alex está totalmente estúpido!", há muitos e muitos outros: "Alex terrivelmente rabugento"; "Uma ave de mau humor"; "Hoje Alex age como um tolo"; "Alex estava muito maluco hoje de manhã"; "Hoje Alex está de todo impossível, em pé de guerra"; e assim por diante. Talvez tivesse suas razões para agir assim. Não faço a mínima ideia. Mas o fato é que esses dias começaram a escassear e ele se tornou mais confiante à medida que nos uníamos e solidificávamos a confiança entre nós. Deixamos de desconfiar um do outro. Apesar disso, no decorrer dos primeiros anos continuou extremamente cauteloso com os estranhos. Com estes, ele se agitava, se encolhia e às vezes grasnava. Quando havia uma pessoa desconhecida no laboratório, o mais provável é que se recusasse a cooperar.

Ele também passou a se impor para mim. "Alex está para lá de exigente quando não é prontamente recompensado", escrevi no dia 1º de setembro. "Depois de ter dito PAPEL, repetiu a palavra em voz mais alta e com mais rapidez", como se eu estivesse demorando muito para recompensá-lo. Era como se estivesse dizendo: *depressa, moça. Eu sou o Alex. Eu quero isso agora!* Foi o meu primeiro vislumbre de uma personalidade distinta e mais assertiva que logo irromperia com força.

Quando cheguei na Purdue no início de 1977, eu sabia exatamente o que queria. Mas me vi em meio a uma situação quase desesperadora. Era preciso garantir dinheiro para o meu programa de pesquisa, para pagar assistentes, comida e objetos

Primeiras identificações de Alex

necessários ao Alex, para cobrir as despesas com a manutenção do laboratório e se possível retirar um pequeno salário para mim, mas eu não era uma integrante do departamento. Sempre foi bem mais difícil — não impossível, mas bem mais difícil — obter financiamento de uma grande entidade para pesquisas quando não se faz parte do corpo de uma universidade. Ao mesmo tempo, as autoridades da Purdue diziam que poderiam obter uma autorização extra para a pesquisa se eu conseguisse um financiamento. (Era evidente que só me viam como a esposa de David, o docente, e que eu deveria me contentar com isso, não tentar ganhar espaço no departamento.)

Apesar disso, consegui um pequeno lugar no laboratório para fazer o meu trabalho, gentilmente cedido por Peter Waser, um biólogo evolucionista do departamento de ciências biológicas. Valendo-me de um sutil artifício junto ao reitor, e com o apoio de Struther Arnott, chefe de departamento, logrei submeter uma proposta de financiamento para o National Institute of Mental Health no início de 1977, alguns meses antes de ter Alex comigo.

Minha proposta era simples: reproduziria as habilidades cognitivas e linguísticas que tinham sido previamente observadas nos chimpanzés em um papagaio-cinzento, um animal que embora com cérebro do tamanho de uma noz era capaz de falar. A segurança dessa assertiva baseava-se em duas coisas. A primeira era a minha experiência com aves falantes e a impressão de que estas eram realmente inteligentes. A segunda era o fato de que os cinzentos, assim como macacos, vivem muito

ALEX & EU

tempo e que o seu grupo social mostrava-se amplo e complexo. Ambos os fatores são levados em conta quando se pensa no poder cerebral dos macacos. Por que então não haveria um poder cerebral semelhante nos cinzentos?

Meus planos para o treinamento de Alex diferiam dos padrões aceitos da época. Sob o dogma psicológico dominante conhecido como behaviorismo, os animais eram tidos como autômatos, com pouca ou nenhuma capacidade cognitiva e sem pensamento algum. A biologia era ligeiramente melhor, dominada por teorias segundo as quais muito do comportamento animal era congenitamente programado. As condições experimentais para o trabalho com animais eram severamente recomendadas. Chegava-se até a deixar um animal faminto a ponto de perder 80% da massa corporal enquanto ele não desse a resposta "correta" para ganhar alimento. Os animais também eram colocados em uma caixa de madeira de modo que o "estímulo" apropriado pudesse ser estritamente controlado e as respostas precisamente monitoradas. A técnica era conhecida como "condicionamento operante". Para mim era uma questão de sanidade pôr um ponto final em tais práticas. Aquilo era contrário aos meus instintos mais profundos e ao entendimento da natureza.

Para começar, não seria óbvio que a comunicação é um processo social e que o aprendizado da comunicação também implica um processo social? Aparentemente era evidente que colocar um animal dentro de uma caixa e esperar que ele aprendesse não poderia dar certo. Diversos pesquisadores que

Primeiras identificações de Alex

tinham feito isso com aves miméticas fracassaram espetacularmente. Os pesquisadores atribuíam o fracasso a uma suposta deficiência no cérebro dos pássaros, mas para mim se devia a uma deficiência nas suposições e abordagens deles.

Na verdade, os primeiros a trabalhar a comunicação homem/animal com os chimpanzés no final dos anos 1960 e início dos anos 1970 não tinham seguido o modelo behaviorista. Grande parte desses pesquisadores adotara técnicas de treinamento muito mais naturalistas. Ainda assim me parecia que faltava alguma coisa. E eu não poderia tratar um papagaio tal qual tratavam um bebê chimpanzé, passando as 24 horas do dia junto a ele como se fosse humano e ainda mantendo alguma objetividade. Continuava a viver esse dilema quando em 1975 me caiu nas mãos um artigo escrito pelo etologista alemão Dietmar Todt, publicado em algum jornal alemão obscuro. O artigo descrevia o conhecido programa de treinamento modelo/rival do autor que passei a adotar para trabalhar com Alex.

Como disse antes, esse sistema utiliza dois treinadores para o animal, não apenas um. O principal treinador, A, pede ao treinador secundário, B, para nomear um objeto apontado por ele, A. Se B responder corretamente, A o recompensa; uma resposta incorreta pode suscitar uma repreensão. O treinador B é o "modelo" para o animal e também o "rival" deste último na disputa pela atenção do treinador A. De vez em quando o treinador A solicita o nome do objeto ao animal, e a recompensa ou a repreensão vai depender da resposta. No artigo, Todt relata que os papagaios-cinzentos aprendiam a falar rapidamente com esse método.

Depois que terminei a leitura do artigo concluí que Todt estava certo até o ponto em que chegara. Era uma abordagem muito promissora, ainda assim a minha dúvida era se as aves podiam compreender os sons que pronunciavam. A compreensão era fundamental para mim. Se, por exemplo, Alex fizesse um som para a palavra, independentemente da clareza com que as enunciasse, seria um pouco mais que mimetismo, se não fizesse ideia de que eram sons que identificavam determinados objetos ou ações. Decidi então modificar o método de Todt, colocando, por exemplo, os treinadores A e B em papéis alternados para que o pássaro pudesse aprender que os dois papéis eram possíveis. Além disso, a recompensa pela resposta correta poderia ser a posse do próprio objeto. Se Alex identificasse corretamente "papel", eu ou minha parceira o daríamos para ele. O mesmo se aplicaria a "chave", "madeira" e tudo mais. Dessa forma, o som identificador e o objeto estariam fortemente associados na mente dele.

Peço a sua paciência enquanto descrevo os meus métodos de treinamento, usando termos que provavelmente não ouvirá nas descrições cotidianas sobre como os papagaios aprendem palavras nas casas onde vivem. Claro que eu não pretendia fazer um exercício cotidiano. Estava planejando demonstrar por intermédio de um papagaio os processos cognitivos que apenas os humanos e os primatas superiores eram tidos como capazes de alcançar. Para fazer isso são necessárias condições

Primeiras identificações de Alex

muito especiais e, igualmente importante, pessoas que acreditem em você.

O meu modelo de treinamento teria três componentes. Primeiro, a *referência*, ou seja, aquilo que a palavra "significa"; por exemplo, a palavra "papel" refere-se a um objeto concreto em particular. Segundo, a *funcionalidade*, ou seja, a pragmática pela qual a palavra é empregada; aprende-se um conjunto estranho de sons a fim de que se possa usá-lo para obter uma determinada e desejada recompensa. Terceiro, a *interação social*, ou seja, a troca, a relação entre treinador e animal. Quanto mais forte é a relação, mais eficiente é o aprendizado, tal como acontece com as crianças. Eu sempre pedia para que os treinadores fossem entusiásticos em suas trocas com Alex e enfatizassem o acerto dos sons identificadores, como os adultos costumam fazer com as crianças. Com tudo isso arrumado, pensava comigo mesma, teríamos um potencial para explorar o funcionamento do cérebro de um pássaro como jamais fora feito.

Foi mais ou menos isso que argumentei na minha proposta de financiamento. Aparentemente, a junta de avaliação não ficou impressionada.

Em 19 de agosto, duas semanas depois daquele momento em que me vi dizendo "ai meu Deus, ele conseguiu", recebi uma carta da junta avaliadora que em essência me perguntava o que eu andava fumando. Insinuaram que eu estava louca por ter pensado que o cérebro de uma ave seria capaz de dominar a linguagem e as habilidades cognitivas que pretendia demonstrar. E também deram a entender que eu era ainda mais louca ao querer trocar a abordagem estabelecida do condicionamento operante por um método altamente suspeito de interação social.

Não devia me surpreender. Olhando retroativamente, talvez tenha sido um pouco ingênua quando achei que a junta poderia financiar uma pessoa sem formação e sem qualificação em psicologia — ou em qualquer outra ciência biológica — para um projeto que ultrapassava os limites do conhecido e aceito. Mas isso me deu mais confiança de que o projeto poderia dar certo. Mesmo assim, fiquei surpresa e muito chateada — tão chateada que Alex deve ter pensado que eu estava zangada com ele e encolheu-se. "Oh, não é com você, Alex", disse para o pobrezinho. "É com aqueles malditos idiotas que não conseguem se desvencilhar das velhas ideias. Acho que vamos ter de dar mais duro ainda, amigão."

Nada me deteria. Nada nos deteria. Alex e eu trabalhamos ainda mais, com a ajuda de Marion e de diversos alunos entusiastas. Apresentamos novos objetos — e novos sons identificadores — para Alex, que logo se tornou um aluno competente, se bem que vez por outra recalcitrante. Por volta do verão de 1978, um ano após o início do nosso trabalho, Alex demonstrava 80% de aproveitamento na identificação de objetos e também estava aprendendo a reconhecer as cores, o verde e o vermelho (ou rosa, como o chamávamos para facilitar a pronúncia). Estava se saindo bem nos testes a que era submetido e achei que poderia solicitar novamente um pequeno

Primeiras identificações de Alex

financiamento para o National Institute of Mental Health. Uma modesta contribuição de apenas 5 mil dólares.

Dessa vez, tive êxito. Recebi um sumário relatório cor-de-rosa em setembro, onde a junta referia-se a minha proposta como "encantadora". Diziam que "provavelmente Alex é o papagaio mais bem treinado em cativeiro". E melhor ainda, concluíam: "A aprovação foi recomendada por unanimidade." Fiquei nas nuvens, exultante e aliviada. Havia, no entanto, uma ressalva: era uma aprovação de proposta de financiamento em teoria, pois na prática não tinham fundos suficientes disponíveis para me oferecer qualquer quantia. Eu continuava no mesmo barco: sem fundos nem habilitação para pesquisa. Mas pelo menos dispunha de Alex e sua cada vez mais crescente lista de realizações e de alguns poucos cientistas interessados.

Progredíamos cada vez mais, com outros objetos e uma outra cor, o azul. E também apresentei para Alex o conceito de forma associada a números. Rotulamos uma peça quadrada de madeira como "madeira de quatro cantos", e um triângulo, como "madeira de três cantos". Fiz uma barganha com os rapazes da marcenaria da universidade: eles me abasteceriam de peças de madeira quadradas e triangulares e eu lhes daria em troca biscoitos assados. Na falta de financiamento para pagar essas coisas, a solução era a criatividade. No final, os rapazes tiveram de fazer as peças com madeira de bordo porque a de pinho Alex destruía em segundos; o bordo era mais um desafio para picar. E ele adorava desafios.

Ao longo do processo Alex aprendeu a dizer "não" e o significado que isso tinha. Durante os nossos primeiros anos de convivência, valeu-se de muitas maneiras para comunicar algum tipo de desprazer ou de negação. Quando não queria ser pego, por exemplo, emitia um som alto, muito estridente, como *raaakkk*. Quando a mensagem não era devidamente compreendida, às vezes esse ruído extremamente desagradável era acompanhado de uma tentativa de bicada. Quando não queria responder à solicitação do treinador, ele simplesmente o ignorava, virando de costas ou alisando freneticamente as penas. Indicava que já tinha terminado com a água ou com o objeto simplesmente jogando-os no chão. Oferecer banana quando ele tinha pedido uva era o mesmo que receber uma banana na cara. Alex não era nada sutil.

Ouvia muitas vezes a palavra "não", tanto de mim quanto dos outros treinadores, quando identificava um objeto de maneira incorreta ou quando se comportava mal. Em meados de 1978 notei que, de vez em quando, Alex emitia o som "nã" em situações onde seria apropriado um "não". "Está bem, Alex", eu disse, "vamos treiná-lo para falar direito?" Em poucas sessões substituiu o "nã" pelo "não" em situações estressantes como, por exemplo, quando não queria treinar. Não demorou muito para usar a palavra com o sentido de *"não, eu não quero"*. Eis um exemplo do senso bem desenvolvido de Alex no uso de "não". O episódio ocorreu em abril de 1979, quando Kandis Morton, um treinador assistente, trabalhava com ele:

Primeiras identificações de Alex

K – O que é isso, Alex? [segurava uma madeira de quatro cantos]

A – Não!

K – Sim, o que é isso?

A – Madeira de quatro cantos [não muito claro].

K – Quatro, fale melhor.

A – Não.

K – Sim!

A – Três... papel.

K – Alex, "quatro", fale "quatro".

A – Não!

K – Vamos lá!

A – Não!

Obviamente, Alex estava de péssimo humor naquele dia e se valia do "não" para expressar que não queria continuar com a sessão. (Depois de mais velho, tornou-se mais criativo a respeito disso.) Seria incrível, caso não fosse o treinador tentando conseguir que o trabalho fosse feito. O uso desse tipo de negação por parte de Alex representou um estágio relativamente avançado do seu desenvolvimento linguístico.

Poucos meses depois dessa sessão com Kandis, tive uma briga com Alex que me levou a escrever no diário: "*Definitivamente, Alex entende o NÃO!*"

Naquela época, ele tinha desenvolvido uma paixão por rolhas. Em certo dia de agosto demonstrou claramente que queria mais rolhas para mastigar. Dei-lhe então uma outra rolha.

Ele a destruiu alegremente em poucos minutos. Quando faltava dois terços da rolha para terminar o serviço, descartou-a. "Rolha", pediu uma outra.

"Você tem uma rolha, Alex", eu disse.

"Não!" Pegou o resto da rolha e atirou no chão. Se fosse um humano, diria que ele fez pirraça. "Rolha!"

Dei-lhe um pedaço de rolha, grande, embora não inteira. Ele pegou e atirou-a em mim, repetindo com impaciência e com mais ênfase ainda: "Rolha!" Só calou-se quando lhe dei uma rolha novinha.

"Isso aconteceu durante *toda* a manhã", escrevi. Eu queria que ele aprendesse os sons identificadores e expressasse suas vontades. Acho que consegui.

Mesmo nesse primeiro estágio do nosso relacionamento, Alex já deixava transparecer que não tinha a cabeça vazia, por mais que a ciência negasse.

Capítulo 4

Alex e Eu, os Vagabundos

Um dos desafios que enfrentei na tentativa de ser levada a sério nessa pesquisa pioneira foi o fato de não ter publicações relevantes. No mundo acadêmico, o valor de quem pesquisa é medido pelos trabalhos publicados. Eu tinha diversos em química, mas obviamente não contavam. No início de 1979, já dispunha de um bom material sobre o progresso de Alex com o uso dos sons identificadores e decidi submeter um pequeno trabalho ao *Science*, um jornal americano. É uma publicação muito respeitada e, portanto, eu estava pensando alto. Mas por que não? Alguns dos primeiros trabalhos sobre a comunicação entre macacos e homens, de Gardners, David Premack e outros, tinham sido publicados nesse jornal ali pelo final dos anos 1960 e início dos anos 1970. Por que não fazer o mesmo com o primeiro trabalho sobre um papagaio?

No início de maio enviei o trabalho pelo correio. Deve ter ficado na mesa do editor não mais que alguns segundos porque retornou imediatamente com um bilhete curto que dizia que não era um trabalho de interesse significativo. Sem nenhum comentário. Sem nenhuma sugestão. Obviamente, sequer olharam, já que voltou de imediato. "Passei o dia inteiro trabalhando na revisão, dando telefonemas e me aborrecendo", escrevi no meu diário em 23 de maio. E também anotei que uma aluna, Gabrielle, estava trabalhando as formas com Alex: "Pobre pássaro... ele está realmente tentando!"

Se Alex não desistia, eu também não desistiria. A revisão era para a revista *Nature*, a publicação inglesa correspondente ao *Science*. Na verdade, são dois jornais rivais que nem sempre concordam a respeito de temas e de política. No meu caso, porém, uniram-se: o meu trabalho voltou voando, sem ter passado por um julgamento, outra vez rejeitado. Eu me senti um lixo. E aparentemente Alex também, embora talvez por outras razões. "Alex, merda total", escrevi no meu diário. "Não consegue identificar as cores — tudo é ROSA; VERDE e AZUL não existem. Nem conseguimos testá-lo! Que droga!" Fora apenas um dia ruim, logo ele voltou a progredir.

Alex era então capaz de identificar os objetos que o treináramos para reconhecer, como papel, madeira, couro e chave, e já identificado um grupo limitado de cores. Demonstrava mais interesse pelos objetos que pelas cores, talvez porque todas as cores tivessem o mesmo gosto enquanto os diferentes objetos

Alex e Eu, os Vagabundos

apresentavam diferentes gostos e texturas. Mas poderia identificar e nomear corretamente uma nova combinação de objeto e cor — uma chave azul, por exemplo, considerando que as chaves que conhecera eram verdes — ou objetos azuis que não fossem chaves? Em linguística, esse tipo de habilidade é conhecido como segmentação, ou seja, a capacidade de tirar peças de duas frases, separá-las e reuni-las de maneira adequada.

Primeiro tentei levar a tarefa com os velhos pregadores de roupa de madeira que na Inglaterra são chamados de pinos de roupa. Ele adorou mastigá-los. Nós os chamávamos de "pino de madeira", nome que logo aprendeu. Depois, dei-lhe um pregador verde, algo que até então ele não tinha visto, e perguntei: "O que é isso?" Olhou para o pregador visivelmente intrigado e se pôs algumas vezes de cabeça empinada como sempre fazia em presença de novos objetos. Em seguida, olhou-me e disse: "Verde madeira pino de madeira", a frase toda. Não a tínhamos modelado e, portanto, era surpreendente. Claro que a resposta perfeita seria "Pino de madeira verde". Mas o que ele disse sugeria que sabia que tinha que juntar as palavras de alguma forma mesmo que não estivesse seguro de como fazer. Quando modelamos a resposta correta para ele, aprendeu-a de imediato. Tratava-se de um começo maravilhoso de algo que em termos linguísticos era muito complexo para um animal com o cérebro do tamanho de uma noz. Realmente estimulante.

Mais estimulante ainda foi uma carta que recebi no dia 10 de julho. "Tive ótimas notícias do NSF!", escrevi no meu diá-

ALEX & EU

rio. "Parece que terei financiamento para um ano!" Depois das fracassadas tentativas junto ao National Institute of Mental Health, soube por alguns colegas que a National Science Foundation talvez pudesse se mostrar mais interessada em minha pesquisa. Segui o conselho e submeti uma proposta a este órgão no início de 1979. E tive êxito. Eu estava excitadíssima. Tão empolgada que comecei a correr pela sala, gritando e batendo palmas. O pobre Alex não fazia ideia do que estava acontecendo, é claro, e ficou horrorizado com o meu comportamento selvagem. "Está tudo bem, Alex", eu disse. "Não tenha medo. Teremos um financiamento. Ficaremos bem." Ele não pareceu muito convencido.

Minhas primeiras lutas para obter fundos e publicar ocorreram simultaneamente a uma crescente controvérsia no campo da comunicação entre macacos e humanos. Questionava-se quanto à legitimidade disso. Alguns líderes no campo — o casal Gardner, David Premack, Roger Fouts, Duane Rumbaugh e Sue Savage, Lyn Miles e Penny Patterson — tinham empregado uma variedade de métodos para comunicar-se com os símios: sinal manual em alguns casos e símbolos arbitrários em outros. Os macacos pareciam ter demonstrado progressos significativos não só na identificação de objetos, mas também na criação de novas frases. A chimpanzé que era conhecida como Washoe, por exemplo, aos cuidados de Roger Fouts, aparentemente cunhara a frase "pássaro de água" na primeira vez que

Alex e Eu, os Vagabundos

vira um cisne; Koko, a gorila, objeto de pesquisa de Penny Pat terson, aparentemente descrevera uma zebra como "tigre branco". Tais esforços estavam atraindo a atenção pública (os programas da série NOVA faziam parte disso; artigos em revis tas e jornais também proliferavam). Os linguistas, no entanto, expressavam um desconforto crescente quanto aos argumentos de que os animais tinham demonstrado uma facilidade rudimentar para a linguagem.

O assunto linguagem sempre foi um tópico polêmico no campo científico e emocional. Tanto para alguns cientistas como para os leigos, há muito tempo que a linguagem falada é tida como sacrossanta e exclusiva dos seres humanos, isto é, como uma característica que "nos" separa (humanos) "deles" (todas as outras criaturas). E também há um exaustivo debate em relação à definição de linguagem. Afinal, outros animais comunicam-se uns com os outros e frequentemente por via vocal. Não seria isso uma forma de linguagem? Não quero me aprofundar nessas questões. Só quero ressaltar que os trovões da tempestade que se forma estão ficando cada vez mais altos.

É claro que eu tinha conhecimento de tais questões quando iniciei a minha jornada, só não conhecia a extensão delas. A primeira folha do meu diário de Purdue proclamava com ingenuidade: "Projeto ALEX*: Experimento de linguagem avícola." Foi assim que Alex se tornou Alex — não como muita gen-

---

* Em inglês Avian Learning Experiment, formando a palavra Alex. (*N. da E.*)

te presumiu, inspirado no filme "*Smart Alec*". O nome dele era um acrônimo do ponto aonde minha pesquisa queria chegar: literalmente planejava desenvolver a comunicação entre papagaios e humanos por meio de sons identificadores, como já fora feito com macacos. Isso parece um pouco com linguagem, não parece? E era como os pesquisadores dos macacos vinham expressando os seus alvos e suas realizações. Era natural que seguisse os passos deles.

A crítica, no entanto, começou a repercutir, tornando-se cada vez mais estridente. A linguagem dos macacos teria *alguma coisa* a ver com linguagem? Talvez os pesquisadores estivessem simplesmente se iludindo, ou coisa pior: isto ficava subentendido. Notei rapidamente que não seria sensato adotar os termos usados pelo pessoal da linguagem dos macacos. Isso poderia me desviar do meu principal objetivo: literalmente, explorar as capacidades cognitivas de um animal não humano, não primata, não mamífero, utilizando a comunicação como uma janela para a mente dele. Eu me dei conta de que precisava ser cautelosa em relação aos termos usados em público e em contextos acadêmicos.

Por exemplo, depois de mais ou menos um ano de projeto comecei a dizer que estava desenvolvendo um experimento de aprendizado, não linguagem, para não soar como provocação. No meio acadêmico era ainda mais cautelosa, descrevendo as produções vocais de Alex como "sons identificadores ou marcas" e não como "palavras". E o esboço do trabalho enviado para a *Science* e a *Nature* teria como título "Vocalizações Fun-

Alex e Eu, os Vagabundos

cionais de um Papagaio-Cinzento Africano". Achei que seria prudente. Palavras podem ser marcas e marcas podem ser palavras. E também podem ser perigosas.

Em janeiro de 1980, enviei o esboço do meu artigo, agora mais extenso, para um jornal alemão, o *Zeitschrift für Tierpsychologie.* Um colega me lembrara que nesse mesmo jornal Todt publicara o trabalho sobre a técnica modelo/rival na qual se baseava o treinamento de Alex.

Curiosamente, no fim de novembro de 1979, cerca de um mês antes, a *Science* publicara um longo artigo de Herbert Terrace e outros colegas: "Um Macaco Pode Criar uma Frase?" Um artigo que virou um clássico na controvérsia crescente. Ninguém é mais diligente que um convertido e Herb Terrace tornara-se um deles. Psicólogo, diretor na Columbia University, em Nova York, Terrace tinha sido até aquele momento um ferrenho defensor da teoria da linguagem dos macacos, fundamentado em sua pesquisa inicial com um macaco chamado Nim Chimpsky (uma brincadeira com o renomado linguista Noam Chomsky). Certamente os argumentos de Terrace deveriam ser levados a sério. O artigo na *Science* era um *mea culpa* de Terrace: a resposta à pergunta que servira de título era um ressonante *não.* Terrace analisava em detalhes os gestos de Nim. Esperava encontrar evidências de gramática nas "expressões" supostamente espontâneas de Nim; em vez disso, segundo ele, os feitos eram produto de um direcionamento não intencional dos adestradores humanos. Ou seja, Nim estava obedecendo muito sutilmente aos comandos dos adestradores e não se comunicando de maneira espontânea.

O artigo de Terrace na *Science* era um golpe na pesquisa da linguagem dos macacos, o primeiro de dois golpes em um período de seis meses. O segundo foi ainda mais arrasador, tanto em proporção quanto na linguagem afiada empregada para enfraquecer a credibilidade da teoria. O golpe se deu com uma importante conferência organizada pelo linguista Thomas Sebeok e o psicólogo Robert Rosenthal, em maio de 1980, sob os auspícios da Academia de Ciências de Nova York. Chamava-se "O Fenômeno Clever Hans: Comunicação com Cavalos, Baleias, Macacos e Pessoas". Era uma reunião de peso com os mais importantes cientistas, organizada para denunciar o trabalho dos pesquisadores da linguagem animal: grande parte do discurso preconceituoso dizia... "eles" não podem falar, "nós" podemos.

Fui à conferência tomada por um clima de ansiedade, em parte porque esperava conhecer alguns dos pesquisadores mais proeminentes. Lá conheci alguns jovens pesquisadores da área, como Diana Reiss, especialista em comunicação de golfinhos. Logo ficamos amigas. Estávamos conscientes do bombardeio que receberíamos. Mas não estávamos preparadas para a atmosfera mordaz que envolveria a audiência durante aqueles dias extremamente tensos nos elegantes salões do Hotel Roosevelt, em Nova York.

Clever Hans era um cavalo alemão que se apresentava nos teatros na década de 1900. O proprietário, Wilhelm von Os-

Alex e Eu, os Vagabundos

ten, solicitava perguntas à audiência. Às vezes, as perguntas tratavam de números, envolvendo apontar qual era o número de 1 a 12. Clever Hans respondia então batendo o casco e se detendo no número certo. Clever Hans era sensacional. Um cavalo que conseguia somar e subtrair! Um cavalo que entendia perguntas em alemão! Como fazia isso? A pergunta foi respondida quando se descobriu que toda vez que Hans atingia a resposta correta, involuntariamente Osten inclinava a cabeça alguns poucos milímetros, e o cavalo percebia. O mais incrível é que Osten não tinha consciência de que inclinava a cabeça: o movimento era uma reação inconsciente. Sem se dar conta Osten induzia Clever Hans, cuja inteligência não era aritmética, mas uma percepção visual altamente desenvolvida.

Considerando a escolha do título da conferência e suas implicações, não era preciso contratar um detetive para descobrir a opinião de Sebeok e de Rosenthal sobre o campo da comunicação animal/humanos. Para reforçar a conclusão constavam da lista de oradores convidados alguns treinadores de animais de circo e mágicos.

Antes da conferência, Sebeok e sua esposa, Jean Umiker-Sebeok, fizeram circular um manuscrito no qual sugeriam que os pesquisadores da linguagem dos macacos estavam envolvidos em uma rudimentar exibição circense. Nicholas Wade, um repórter da *Science*, escreveu depois: "É surpreendente que nenhum dos pesquisadores da linguagem dos macacos tenha sequer cogitado enfrentar aquela arena de leões." Na verdade, a maioria não enfrentou. Somente Duane Rumbaugh e Sue Savage apresentaram-se como oradores.

Diana e eu ficamos sentadas de boca fechada — no sentido figurado, se não literal — enquanto os ícones acadêmicos se digladiavam. "Crítica ofensiva", foi como Sue Savage descreveu o golpe do casal Sebeok, "repleta de erros, tanto técnicos quanto lógicos." Tais comentários "revelam vergonhosamente a incompetência deles", ela acrescentou. Sebeok resumiu sua visão numa coletiva de imprensa após a conferência: "As alegadas experiências de linguagem com macacos dividem-se em três grupos: um, o da fraude; dois, o da autoilusão; três, o conduzido por Herbert Terrace."

Uau! Eu sabia que a ciência podia ser competitiva. Mas aquilo? Eis o que Diana escreveu no relatório para o departamento dela: "Se os cientistas não conseguem comunicar-se entre si, muito menos com animais." Olhando retroativamente, entendo por que os editores, tanto da *Science* como da *Nature*, nem se deram ao trabalho de ler direito o meu manuscrito: eles sabiam das escoriações acadêmicas que estavam por vir. *Ainda bem que consegui o financiamento da NSF antes da bomba estourar*, eu pensei. *Ainda bem que o meu novo manuscrito está nas mãos dos editores de um jornal que vê méritos nas questões relacionadas ao pensamento animal e sabe valorizar nossos métodos.*

Ainda abismada, retornei para Purdue depois da conferência. Entrei no laboratório e, ao me aproximar da cortina que delimitava a área de Alex, ouvi a já familiar saudação "vem

Alex e Eu, os Vagabundos

cá". Abri a cortina e lá estava ele, esperando por mim. Depois, acrescentou algo que começava a dizer de vez em quando: um "eu te amo" que aprendera com os alunos. Fui até a gaiola e o vi empoleirado no topo, demonstrando excitação pelo meu retorno. Delicadamente, ele ergueu as asas e o pé e lhe ofereci a mão para pousar. "Obrigada, Alex", disse enquanto subia pela minha mão. "Onde é que fomos nos meter, amigão?" Ele não pareceu interessado e, feliz, começou a se catar.

Claro que a essa altura já tínhamos desenvolvido um certo grau de intimidade. Passávamos quase oito horas por dia juntos. Mas desde o início do projeto defini que a minha abordagem profissional seria rigorosa ao treinar e testar o meu cinzento. Afinal, vinha de uma área que era conhecida por sua rigidez. Os meus dados teriam de ser incontestáveis; teriam de atingir altos padrões de credibilidade. Não poderia permitir que a emoção turvasse o meu julgamento. E *também* não poderia me apegar. A experiência que tive na batalha de Clever Hans me deixara ainda mais determinada a preservar uma barreira emocional entre mim e Alex a fim de manter a credibilidade intacta, mesmo que fosse muito difícil para mim. E como era...

Alex e eu éramos como dois vagabundos durante os nossos sete anos e pouco na Purdue, mudando os nossos limitados pertences de um laboratório temporário para outro em uma

ALEX & EU

busca incansável por um espaço mais permanente. Nunca o encontramos. Havia mesmo um aspecto bíblico em nossas andanças. Lidamos com mais de uma inundação no laboratório, o que exigia que retirássemos o assustado Alex no meio da noite. E também com as pragas: as baratas eram um horror sem fim. Independentemente de onde estivéssemos, todas as salas adjacentes à nossa teriam de ser regularmente dedetizadas por causa das baratas, mas não podíamos fazer isso porque o Alex correria o risco de ser contaminado. O resultado é que nos tornávamos asilo de baratas refugiadas. Toda semana éramos literalmente obrigados a aspirá-las das gavetas e borrifar o chão com álcool. Colocávamos armadilhas em torno da gaiola para tentar pegá-las. Isso nem sempre funcionava e às vezes havia baratas na água de Alex quando chegávamos de manhã. Ele as odiava tanto quanto nós.

A recepção da notícia do financiamento em 1979 nos proporcionou uma certa estabilidade porque finalmente assumíamos uma posição concreta, um humilde incentivo para um ano de pesquisa. Mas o cenário já estava mudando. Comecei a apresentar nosso trabalho em encontros locais e nacionais sobre comportamento animal. O financiamento da NSF prorrogou-se por mais um ano; meu extenso artigo foi publicado no jornal alemão no início de 1981. A reação entre os meus pares, devo dizer, foi de indiferença. Mas o fato é que detonou o início do reconhecimento público; primeiro na revista *Omni*, depois uma notinha no *New York Times*,

Alex e Eu, os Vagabundos

seguida por uma matéria no popular jornal *Science 82*, e o canal de televisão local também ofereceu um espaço para Alex. No departamento, algumas pessoas demonstraram interesse em apoiar abertamente nossas ideias e nosso trabalho "revolucionário", se bem que surgiram outras vozes mais ou menos detratoras.

Ainda que com obstáculos à frente, estávamos na direção certa. Juntos, Alex e eu mostraríamos o que de fato significava ter um cérebro de passarinho.

Já tínhamos demonstrado que Alex era capaz de marcar e identificar corretamente objetos, o que antes se achava que era incapaz de fazer; tínhamos demonstrado que poderia marcar as cores de maneira apropriada, o que se achava impossível; e também tínhamos demonstrado que dominava o uso funcional do "não", o que se achava improvável.

Ele também estava em vias de compreender os conceitos — como de cor e forma — em um nível mais alto de cognição. Uma coisa era pedir para Alex identificar um objeto e dizer corretamente, por exemplo, "chave verde" ou "madeira de quatro cantos". Outra coisa, porém, era lhe mostrar um pedaço triangular de papel azul ou um pedaço quadrado de couro vermelho e obter respostas corretas para perguntas como "qual é a cor?" ou "qual é a forma?". (Na realidade, desistimos dos objetos de papel porque, quando ele os mastigava, a tinta vegetal ficava em seu bico e depois passava para suas penas, seus pés, seu poleiro e, por fim, seus treinadores — uma bagunça colorida.)

Para responder corretamente "qual é a cor?" e "qual é a forma?", antes Alex tinha de entender os conceitos de cor e de forma enquanto *categorias que incluíam* as marcas "verde", "azul", "três cantos" e "quatro cantos" e não simplesmente marcas por si mesmas. Ele passou nesse teste durante o terceiro ano de estudo, quando, claro, achava-se que seria incapaz de fazer isso. O feito tornou-se o ingrediente para um outro artigo científico publicado em 1983. Tudo o que achavam que Alex não poderia fazer, por ser um mero pássaro, ele tinha feito.

Enquanto isso Alex estava no auge de tudo quanto é tipo de travessuras no laboratório, o que se esperava que ele também não fizesse. Acontece que os papagaios-cinzentos adoram mastigar coisas. Faz parte da natureza deles. Mas como Alex era o Alex, adorava mastigar coisas *importantes* como o fio do telefone (desabilitou o telefone de dois professores e também o meu) e os slides para palestras, que eu levava semanas preparando e ele destruía em poucos dias. E muito mais. Em 1979, ele investiu contra a proposta de financiamento que eu tinha escrito para a NSF, aquela que deu o meu primeiro financiamento. Claro que a junta julgadora ficou impressionada com a proposta, mas... só depois de Alex ter expressado a opinião dele. Eu tinha passado a noite anterior e a manhã inteira nos últimos retoques daquele documento de vinte páginas datilografado em uma máquina elétrica emprestada que abrigava grande parte das minhas esperanças. Empilhei as folhas com todo capricho, coloquei a pilha sobre a mesa e saí para almoçar com um colega. Foi o meu erro.

Alex e Eu, os Vagabundos

Na volta, encontrei quase todas as pontas da pilha totalmente mastigadas. Não consegui acreditar... teria de datilografar tudo novamente. Que droga! Teria apenas algumas horas para fazer a fotocópia do documento e despachá-lo pelo correio. Reagi de maneira irracional, como muitas vezes os humanos reagem em tais circunstâncias, gritando estupidamente com Alex: "Como é que pôde fazer isso, Alex?" Fácil... ele era um papagaio.

Alex se valeu então de algo que aprendera recentemente em circunstâncias similares. Encolheu-se um pouco, olhou-me e disse: "Desculpa... desculpa."

Isto paralisou a minha bronca. Fui até ele e me desculpei. "Está tudo bem, Alex. A culpa não é sua."

Como aquela reação pôde acontecer? Pouco antes do incidente da mastigação do documento, Alex estava no poleiro mais alto e batíamos um papo do lado de fora. Eu estava tomando café. Ele estava se catando e emitindo uns ruídos de contentamento. Coloquei minha xícara na base do poleiro e fui até o lavabo. Quando voltei, Alex estava andando sobre o café derramado em meio aos cacos da xícara quebrada. Com medo que se ferisse, entrei em pânico e gritei: "Como é que pôde fazer isso?" Simplesmente deve ter empurrado a xícara para fora da base quando foi investigá-la... mero acidente. Mas de qualquer forma berrei, até me dar conta de que estava sendo idiota por fazer todo aquele escândalo. Abaixei para me certificar de que ele estava bem e disse: "Desculpa... desculpa." Obviamente, aprendeu que "desculpa" se associava a momentos tensos, irados e potencialmente perigosos. Foi por isso que o aplicou no incidente da mastigação do documento quando de novo gritei estupidamente com ele. Quem tinha cérebro de passarinho?

Alex tornou-se mais sutil no seu uso do "desculpa". Era maravilhoso no treinamento e nos testes quando queria e um horror quando não queria. Se não estava interessado em participar geralmente nos ignorava, alisando as penas com o bico ou dizendo "quero voltar", deixando claro que queria voltar para a gaiola. No final de março de 1980, no entanto, fez algo novo. Eu e Susan Reed, uma aluna, tentávamos realizar um teste com ele, que por sua vez mostrava-se completamente recalcitrante, recusando-se a fazer qualquer coisa. "Alex não quis o teste", escrevi no meu diário. Já um pouco enfezada, provavelmente de mau humor, saí da sala, deixando transparecer o meu aborrecimento na linguagem corporal. De repente, ouvi um "desculpa". Era Alex. Voltei para a sala. *Hmm*, eu pensei, *o que significa isso?*

Mais tarde, naquela mesma manhã, um outro aluno, Bruce Rosen, estava trabalhando com Alex, brincando com uma caneca de plástico. Alex jogou-a acidentalmente no chão, sem notar que estava sendo observado por mim. E novamente disse, dessa vez para Bruce, "desculpa". Fui até ele e falei: "Tudo bem, Alex, está desculpado."

Naquela noite escrevi no meu diário: "Será que ele entende?"; quer dizer, será que sentia remorso da mesma forma que eu e você sentimos quando pedimos desculpas? Ou isso teria

Alex e Eu, os Vagabundos

sido simplesmente um meio de dissipar a raiva? Seja como for, era uma forma efetiva de comunicação. Depois que ficou mais velho ele passou a dizer "desculpa" com um tom de voz tão chantagista, que o meu coração derretia a despeito do que tivesse acontecido.

A partir do incidente da destruição dos fios dos telefones os alunos foram instruídos a não deixar Alex sozinho no laboratório. Não se tinha garantia de que ele não arranjaria encrenca, por mais que a janela de oportunidades fosse pequena. Às vezes, os alunos precisavam se ausentar por um tempo e o colocavam na gaiola. Alex não gostava disso. Depois que ele perdeu grande parte do medo que sentia de estranhos, os alunos passaram a levá-lo em saídas rápidas até o lavabo. Ele adorava, principalmente quando aparecia uma outra pessoa para quem pudesse se exibir, assoviando ou falando "quero noz", "quero milho", e por aí afora.

Aqueles passeios até o lavabo trouxeram uma outra coisa... mas primeiro devo fazer uma digressão. Logo no início do trabalho eu tinha planejado usar um espelho de duas faces no laboratório para observar Alex sem ser vista por ele. A gaiola teria de ficar posicionada em um ângulo que não lhe permitisse se mirar. Mas não foi possível. "Hoje, o pássaro do espelho foi apresentado a Alex", escrevi no meu diário. "Que papagaio neurótico... realmente morre de medo de si mesmo." Obviamente, não podíamos saber o que ele estava pensando. Mas quando retirei o biombo que até então escondia o grande espelho, de repente era como se tivesse aberto uma janela na sala. Alex olhou, se viu diante de "outro pássaro" e ficou visivelmente assustado. "Na verdade, aninhou-se no meu colo para se proteger", escrevi, "o que mostra quão apavorado estava." Do ângulo de visão em que estava, duvido que realmente pudesse fazer qualquer conexão entre ele e aquela outra criatura, até mesmo para mim a imagem refletida parecia uma outra sala com outro pássaro.

À medida que o tempo passava, Alex mostrava-se menos tímido com a situação. Isso foi bom porque naquele lavabo onde os alunos o levavam de vez em quando havia um espelho enorme na pia. Alex costumava ficar andando na pia frente ao espelho, fazendo barulho, olhando ao redor e demandando coisas. Até que em certo dia de dezembro de 1980, quando Kathy Davidson o levou até o lavabo, pela primeira vez Alex pareceu se dar conta do espelho. Virou-se para olhar direto no espelho, esticou algumas vezes a cabeça para trás e para a frente a fim de ter uma visão completa e disse: "O que é isso?"

"É você", respondeu Kathy. "Você é um papagaio."

Ele olhou mais um pouco e disse: "Qual é a cor?"

"*Cinza*. Você é um papagaio *cinza*, Alex", disse Kathy. Os dois repetiram esta mesma sequência algumas vezes. E foi assim que Alex aprendeu a cor cinza.

Alex e Eu, os Vagabundos

Não sabemos o que mais Alex apreendeu do espelho naquele dia, não sabemos que pensamentos lhe passaram pela mente quando ele se viu refletido no espelho. Mas a partir de então os testes com aquele espelho formal tornaram-se impossíveis.

Capítulo 5

O que é Banareja?

O feriado de 4 de Julho de 1984 foi o nosso último dia na Purdue, nosso último dia em West Lafayette, Indiana. Enquanto os homens da mudança empacotavam os nossos pertences domésticos, embalei as coisas do laboratório, inclusive Alex, e depois o coloquei no caminhão alugado. Uma aluna e eu dirigimos por quase duzentos quilômetros até a cidade de Wilmette, em Illinois, cerca de 25 quilômetros ao norte do centro de Chicago, no lago Michigan. O contrato de David com a Purdue terminara e estávamos nos mudando. Ele tinha sido chamado para fazer parte do corpo docente da universidade de Illinois, em Chicago, e eu tinha conseguido uma nomeação temporária de um ano na Northwestern, uma universidade em Evanston. Pegamos a estrada à noite, achando que Alex dormiria durante a viagem. Era a primeira vez que andava de carro desde a estressante viagem de Chicago. Mas Alex ficou acordado e alerta durante o tempo todo. Agarrou-se à lateral da gaiola com uma garra, parecendo aquelas pessoas que andam dependuradas no metrô de Nova York quando está lotado.

As plantações de milho que deixamos para trás eram tão grandes que pareciam sem fim, sem falar na sucessão de tornados que para mim definiam West Lafayette. Alex se aterrorizava com os tornados. Ele sentia a mudança da pressão atmosférica muito antes de qualquer um de nós: a única coisa que o acalmava nas horas de tempestade era o concerto de Haydn para violoncelo, que o deixava em um estado semelhante ao de um transe, o corpo balançava suavemente e os olhinhos quase se fechavam.

À nossa frente, descortinava-se uma nova vida em Illinois e um novo Alex. Deixou de ficar ansioso e assustado com os estranhos. Pelo contrário, percebeu que quando pedia coisas tomava o controle da situação, pois atendíamos prontamente. Ele gostava disso. Deixava bem claro e com muita rapidez para os recém-chegados que teriam de lhe prestar obediência, como minha amiga Barbara Katz descobriu no seu primeiro encontro com Alex. Barbara era a encarregada das aves no zoológico Lincoln Park e nos conhecemos no consultório médico após a minha chegada em Evanston. Logo nos tornamos amigas.

Algum tempo depois tive de deixar a cidade para uma conferência em Boston. E pedi para Barbara dar uma olhada em Alex e nos alunos enquanto estivesse fora. Ela disse que adoraria. Eu sabia que os anos de trabalho dela no zoológico a qua-

O que é Banareja?

lificavam para cuidar de Alex. Eis como mais tarde ela descreveu o encontro:

Como sou uma experiente tratadora de aves, pensei que seria simples.

Cheguei ao laboratório no início da tarde e encontrei Alex todo feliz enquanto destruía um pequeno armário velho à frente dos alunos sentados a poucos centímetros que observavam sem saber o que fazer.

"Olá, Alex. Como vai?"

"Quero noz", ele declarou com uma charmosa voz melodiosa.

"Alex", falei calmamente, "você come nozes demais. A Irene disse que eu devia oferecer fruta quando você pedisse guloseimas. Que tal uva?"

"Quero noz."

"Nada de nozes. Que tal banana?"

"Quero noz."

"Está bem, só uma."

Destampei a lata, peguei uma noz e estiquei a mão para ele. Habilmente, Alex se esticou e pegou-a. Mordiscou-a, comendo-a aos pedacinhos até terminar e só restar umas migalhas no canto do bico.

"Quero noz."

"Não, você já ganhou uma. Que tal uva?"

Senti que vinha encrenca.

"Quero água."

"É uma boa ideia, Alex." Estendi sua pequena xícara de plástico branca. Ele tomou dois pequenos goles, depois puxou a xícara da minha mão e atirou-a resolutamente no chão.

Este era o novo Alex. O chefão.

Imediatamente após a mudança, além de ter ficado "enlouquecido durante vários dias", Alex foi se tornando cada vez mais seguro. Em menos de duas semanas respondia corretamente à pergunta "qual é a cor?" quando eu lhe mostrava uma madeira cinza de quatro cantos. "Cinza", ele dizia. Depois, "madeira cinza". Escrevi no meu diário: "Isso depois de uma longa pausa, *NOVO* LABORATÓRIO, NOVAS PESSOAS e *NENHUM* TREINAMENTO." A ênfase pouco sutil na minha escrita expressava o meu encanto frente ao fantástico desempenho de Alex.

Quando David soube no verão de 1983 que seria transferido para a Universidade de Illinois, tive de correr atrás de um trabalho. A certa altura considerei a perspectiva de levar Alex para a Universidade de Massachusetts, em Amherst, onde um amigo oferecera um espaço no laboratório para mim e Alex durante um ano. Não era o ideal. No último minuto abrira uma vaga de um ano no departamento de antropologia da Northwestern University para um professor assistente ensinar comportamento animal. Lembro que pensei, ei, você tem um

O que é Banareja?

emprego. Tudo bem, é só por um ano, não há chance de efetivação, mas é um emprego. Tem um pequeno financiamento. Você vai ser paga para ensinar. Nada mal!

Os laboratórios do departamento de antropologia situavam-se no Swift Hall, junto ao lago na extremidade norte do campus. O campus da Northwestern era lindo. Ganhei uma sala no andar superior do Swift Hall para Alex e um pequeno escritório no térreo. Não havia muita coisa no laboratório, apenas uma escrivaninha caindo aos pedaços com a gaiola de Alex em cima e uma pequena cadeira de metal onde ele adorava se empoleirar. Meu escritório tinha uma escrivaninha, uma estante e uma cadeira. O pé-direito era alto. No geral, o lugar parecia uma torre medieval, como descreveu um amigo. Mas era *nosso* espaço, e Alex e eu fazíamos bom uso dele.

Alguns meses depois da mudança um estudante apresentou-se para ajudar no laboratório. Em troca, me ofereci para treinar o papagaio dele que até então não dizia uma só palavra. O papagaio gostava muito de maçã e resolvi então treiná-la — era uma fêmea — para produzir o som identificador, ou marca "maçã". Alex também faria parte disso. Nunca tínhamos usado alimentos como objetos de treinamento, seria, portanto, uma exceção. Alex absorvera por conta própria "uva", "banana" e "cereja" porque nomeávamos tudo o que lhe dávamos para comer. "Maçã" seria a quarta marca de fruta dele. Pelo menos era o que pensávamos. Aparentemente, Alex tinha outras ideias.

No final da estação de maçãs frescas, ele já tinha aprendido a produzir um insignificante som de "çã", um patético fragmento de "maçã". Nada mais. Além disso, recusava-se peremptoriamente a comer maçã. Decidimos que faríamos um novo treinamento na primavera seguinte, depois que chegassem maçãs frescas do hemisfério sul. Meses depois Alex concordou em comer um pedaço de maçã que lhe oferecemos sem demonstrar o menor entusiasmo, mas só produziu um "ma".

Até que na segunda semana de treinamento, em meados de março de 1985, de repente ele olhou todo interessado para a maçã e depois me olhou e disse: "Banareja... quero banareja." Pegou um pedaço de maçã e devorou-a alegremente. Era como se subitamente tivesse encontrado uma coisa pela qual procurava muito.

Eu não fazia ideia do que estava falando. E disse então: "Não, Alex, *maçã*."

"Banareja", ele replicou rapidamente, mas com paciência.

"Maçã", falei novamente.

"Banareja", ele disse outra vez.

Tudo bem, meu amigão, pensei. *Vou facilitar a coisa para você.* "Ma-*çã*", disse, enfatizando a segunda sílaba.

Alex deu uma pausa de alguns segundos, olhando-me com mais atenção, e falou: "Ba-na-re-ja", imitando exatamente a minha cadência.

Repetimos diversas vezes o mesmo diálogo: "Ma-*çã*." "Ba-na-re-ja." "Ma-*çã*." "Ba-na-re-ja." Fiquei um pouco irritada. Cheguei a pensar que Alex estava sendo deliberadamente obtuso. Olhando retroativamente, o que vejo era uma cena histérica. Quando mais tarde contei para a aluna Jennifer Newton o que

O que é Banareja?

tinha acontecido, ela literalmente caiu da cadeira de tanto rir. Mas Alex ainda não tinha acabado completamente comigo. No final daquela sessão, ele disse bem devagar e determinado: "Banaaa-re-jaa", exatamente como eu falava quando estava tentando lhe ensinar uma nova marca. Talvez estivesse pensando, *escute com atenção, moça. Estou tentando facilitar a coisa.* Escrevi no meu diário que ele parecia "quase furioso conosco".

Ainda não fazia ideia do que Alex estava falando, se bem que falava de maneira óbvia. Por mais que tentássemos, não arredava pé do "banareja". Por mais que nos esforçássemos para que dissesse "maçã", continuava firme com a marca dele. No que lhe dizia respeito, era "banareja" e continuaria sendo "banareja".

Alguns dias depois procurei um amigo linguista e contei o que estava acontecendo. Ele explicou: "Isto está parecendo uma elisão léxica". Elisão léxica é uma forma chique para o ato de pegar partes de duas palavras diferentes e uni-las para formar uma nova palavra. Talvez Alex tivesse achado o gosto da maçã parecido com o da banana. Certamente a maçã parecia uma grande cereja (era uma maçã vermelha). "Banana" + "cereja" = "banareja".

Teria Alex feito isso intencionalmente? Tudo indicava que sim, mas a intencionalidade é a pedra de toque na área do comportamento animal e reunir provas disso é bem difícil. Alex brincava com muita frequência com os sons, especialmente quando aprendia novas marcas e sobretudo quando ficava sozinho à noite. Esses novos sons, por sua vez, eram tipicamente desprovidos de sentido. E até então ele não tinha dito "banareja" em sessão alguma com maçã, nem em qualquer outra ocasião informal. Aparentemente, tratava-se de uma criatividade nunca vista, que era elaborada pelo cérebro de uma ave. Claro que não posso documentar isso cientificamente. Não posso afirmar que ele realmente decidiu que nome daria para uma maçã e que estava decidido a não mudar de ideia. Esta coisa extraordinária teve de ficar entre mim e Alex.

A proposta original para o Projeto Alex que escrevi na primavera de 1977 tinha sido, devo admitir, extremamente ambiciosa. Argumentava que o meu cinzento poderia aprender objetos marcas (palavras), categorias, conceitos e números em um período de três anos, e que seria capaz de se comunicar fluentemente com humanos e que teria alguma compreensão do que fazia. Estava completamente segura de que o meu cinzento seria capaz de fazer tudo isso. Mas devo admitir que cada vez que Alex encarava um desafio colocado por mim, cada vez que fazia algo impensável para um pássaro, eu sentia a mesma euforia que os pais sentem quando os filhos começam a engatinhar, a andar e a falar.

À medida que crescia a lista de publicações científicas e que nosso trabalho atraía cada vez mais a atenção pública, eu me dava conta de que a aceitação pelo que fazia também crescia, mesmo que lentamente, e que já não era apenas "aquela mulher que fala com um papagaio". Já estava começando a ser

O que é Banareja?

levada a sério pelo círculo científico. Mas o coro do "ora, ele só está imitando", ou "ele só está seguindo as deixas dela", ainda soava alto nos meus ouvidos. Pelo menos era como eu percebia. Seguidas vezes me vi obrigada a provar que aconteciam mais coisas no cérebro de pássaro de Alex do que meros truques mecânicos ou coisas parecidas. Um desses desafios era o seguinte: "Ora, ele pode produzir sons identificadores e marcas satisfatoriamente e *soar* de maneira convincente, mas será que entende realmente o que está dizendo? Será que entende os ruídos que saem do seu próprio bico?"

Depois de ter passado centenas e centenas de horas observando e ouvindo Alex, era evidente para mim que ele sabia o que dizia. Eis um exemplo simples disso: se ele dissesse "quero uva" e você desse banana, ele a cuspia e repetia com insistência, "quero uva". Não parava até receber uma uva. Se você estivesse lidando com uma criança, certamente aceitaria de bom grado que ela de fato queria uva e não banana. Mas isso não é ciência. A ciência precisa de números. A ciência precisa testar repetidas vezes — na verdade, mais de sessenta vezes — antes de dar legitimidade à questão e antes de os cientistas o levarem a sério. Pobre Alex.

Nos primeiros anos do nosso período na Northwestern — a princípio temporário, o meu emprego prolongou-se por seis anos e meio —, fizemos uma rigorosa série de testes da habilidade cognitiva de Alex. Em termos científicos, posso afirmar que ele passou em todos os testes e que avançou para a parte seguinte da nossa história. Mas *o modo* com que fazia os testes nos fez ter ideias extraordinárias sobre a mente dele, ainda que nem sempre fáceis de classificar como científicas.

Os testes consistiam em colocar vários "brinquedos" em uma bandeja e fazer uma série de perguntas como: "Qual objeto é verde?"; "Qual matéria é azul e tem três cantos?"; "Qual forma é roxa?"; "Quantas madeiras de quatro cantos?" No início, Alex respondia corretamente na maior parte do tempo: "chave" ou "madeira" ou "lã" ou "três" etc. Mas depois de algum tempo começava a ficar impaciente. Às vezes, ele dizia "verde" e depois puxava o objeto verde em questão com tanta força que todos os outros objetos caíam no chão. Assim como podia dizer "bandeja" e depois bicá-la. Outras vezes não dizia nada e de repente começava a alisar as penas com o bico. Ou então olhava ao redor e se empinava em minha direção, um gesto tão óbvio que nem precisa de tradução. Certa vez me tomou a bandeja da mão e atirou-a no chão, dizendo "quero voltar", uma expressão que significava: *já acabei com isso. Leve-me de volta para minha gaiola.*

Quem poderia culpá-lo? Nenhum dos objetos era novo para ele. Já tínhamos feito o mesmo tipo de perguntas dezenas de vezes, e ainda assim continuávamos a fazê-las simplesmente porque precisávamos de uma amostra estatística. Pode-se imaginá-lo pensando: *já lhe disse isso, estúpida,* ou simplesmente, *isso está ficando muito chato.* Ele era como uma criança brilhante que, não encontrando nada de interessante e desafiador nas aulas da escola, passa o tempo todo fazendo bagunça.

O que é Banareja?

Às vezes, porém, Alex resolvia dar a opinião dele sobre a tarefa enfadonha, brincando com nossas cabeças. Por exemplo, perguntávamos "qual é a cor da chave?" e ele dizia todas as cores do seu repertório, omitindo apenas a cor correta. Com o tempo tornou-se bastante engenhoso nesse jogo, divertindo-se bem mais em nos agitar do que em nos dar as respostas que queríamos e que certamente ele sabia. A nossa certeza de que não estava cometendo erros era porque seria quase estatisticamente impossível que pudesse listar tudo menos a resposta correta. Essas observações não fazem ciência, mas dizem muito do que se passava pela cabeça dele e de quão sofisticado era realmente o processo cognitivo dele. Se o que fazia era uma diversão para si mesmo ou mera vontade de caçoar da gente, isso eu não sei. Só sei que definitivamente fazia algumas coisas para não responder às perguntas de modo rotineiro.

Tornamo-nos então mais engenhosos do que nunca na apresentação das perguntas para evitar o enfado dele. Às vezes, conseguíamos, outras vezes, não. No fim, tínhamos a resposta estatisticamente válida para a pergunta: "Alex sabe o que está dizendo?" Sim, ele sabia. Seu nível de compreensão era igual ao dos chimpanzés e golfinhos e, para um cérebro tão pequeno, uma verdadeira façanha.

Alex se viu em meio ao mesmo enfado com o mais importante desafio que lhe apresentamos em seguida, ou seja: poderia entender o conceito de "igual" e "diferente"? Talvez pareça trivial que para sobreviver na natureza as aves precisam, por exemplo, identificar os sons dos indivíduos e distingui-los entre as espécies. Certamente isso envolve algum controle do "igual" e do "diferente". Mas quando iniciei com Alex o projeto "igual/diferente", os cientistas que faziam esse tipo de teste achavam que os macacos equiparavam-se, ou estavam ligeiramente abaixo, aos humanos nesta habilidade conceitual, enquanto os micos encontravam-se abaixo dos macacos e as aves... bem, estas dificilmente entravam no rol.

O conceito de "igual/diferente" é razoavelmente sofisticado no sentido cognitivo. Treinamos Alex para usar cor e forma como categorias a fim de determinar igualdade ou diferença. Quando apresentávamos um par de objetos, como uma madeira verde de quatro cantos e uma madeira azul de quatro cantos, a resposta correta de Alex para "o que é igual?" e "o que é diferente?" poderia ser "forma" e "cor" respectivamente e não a cor e a forma específicas. Para responder a pergunta corretamente Alex teria que reparar nos vários atributos dos dois objetos, compreender exatamente o que lhe era pedido para comparar, avaliar e depois responder a pergunta vocalmente. Uma tarefa complexa para o cérebro de uma ave.

Foi preciso muito tempo para treiná-lo, mas ao fim de alguns meses estava pronto para ser testado. Como muitos dos objetos usados lhe eram familiares, mais uma vez o enfado tornou-se um tópico. Tentamos manter o interesse dele intercalando testes de "igual/diferente" com o ensino de novos números, novas marcas e outras tarefas igualmente novas. Ele era um ator escolado. Em geral respondia — "forma" e "cor" — de maneira correta aproximadamente em três quartos do tempo previsto.

O que é Banareja?

(Incluímos ainda uma terceira categoria, "matéria", ou material.) Quando apresentávamos pares que lhe eram novos e cores que não poderia marcar, por exemplo, acertava 85% das vezes, o que de fato era a melhor medida da capacidade dele. Obviamente, ele se mantinha mais atento com a novidade.

Quando David Premack usara em chimpanzés esse mesmo tipo de teste, tudo o que o animal precisava era indicar se os dois objetos eram iguais ou diferentes. Em nossos testes Alex deu um passo à frente. Ele era capaz de dizer exatamente *o que* era igual ou diferente: cor, forma ou material. Quando em 1986 os resultados foram comunicados ao International Primatological Congress, em Göttingen, na Alemanha, um experiente professor de primatologia — esses professores eram chamados de "costas grisalhas" em referência às marcações dos gorilas mais velhos — levantou-se e disse: "A senhora está dizendo que o seu papagaio pode fazer o que os chimpanzés de Premack fazem, só que de um modo mais sofisticado?"

"Sim, é isso mesmo", respondi, imaginando o ataque furioso que viria. Não houve ataque algum. Ele simplesmente disse: "Oh", e sentou-se. Eu poderia ter gritado: "Tudo o que os chimpanzés conseguem fazer, Alex faz melhor", mas me contive. Além do mais, minha voz não vai tão longe. Apesar disso, foi um momento de triunfo para Alex. Pena que não estava lá para testemunhar.

A partir do desafio "igual/diferente" seria natural explorar os conceitos relativos, como a diferença de tamanho. Mais uma vez Alex se saiu bem. Eu lhe mostrava duas chaves com

ALEX & EU

tamanhos diferentes e cores diferentes, por exemplo, e lhe perguntava: "Alex, qual cor é maior?", e ele me respondia. Essa variedade de feitos atraiu muito a atenção pública. Bob Bazell, da NBC, a rede de televisão, interessou-se em filmá-lo, assim como as equipes da rede ABC e da CBS. Ele chegou a ser primeira página do *Wall Street Journal*. Alex era mesmo um pássaro muito inteligente!

Minha permanência na Northwestern foi maravilhosa: emprego, financiamento para pesquisa, resultados incríveis com Alex. Mas não durou muito. No verão de 1986, disseram-me que a minha requisição de financiamento para a NSF tinha sido aprovada, mas, tal como acontecera antes com o NIMH, não havia fundos disponíveis para mim. Achei que teria de deixar a Northwestern. Não demorou muito para o chefe do departamento me dizer que teria que encontrar uma outra pessoa para lecionar no curso de comportamento animal: sem o apoio do financiamento, não havia dinheiro para me pagar. Meu casamento, que até então era sólido como uma rocha, começou a desmoronar. Em essência, David me disse o seguinte: "Você é um fracasso. Por que não fecha o laboratório e arranja um emprego de verdade? Precisamos de dinheiro para viver aqui em Chicago."

Fiquei furiosa, como um vulcão a ponto de explodir. Ninguém me conhecia o bastante para afirmar que eu era um fracasso e que teria de abandonar um trabalho que era a minha

O que é Banareja?

vida e desistir de Alex. Saí em uma busca frenética por um lugar onde continuar o trabalho, fazendo contato com amigos, conhecidos e colegas do país inteiro. Os amigos do Kentucky me acenaram com uma vaga, mas apenas por um ano. Perdi treze quilos em três meses. O meu único conforto eram os amigos, fora Alex, é claro.

Agora passava quase o tempo todo no laboratório, inclusive as noites. Alex e eu nos amparávamos no final do dia; eu tentava fazer planos e ele alisava as penas com o bico, e de vez em quando trocávamos palavras — não exatamente uma conversa, mas o mais íntimo que se podia conseguir de um companheiro não humano. Como todos os cinzentos, Alex era muito empático. Era capaz de sentir quando eu estava triste. Em tais ocasiões se achegava bem pertinho de mim, e era só o Alex. Não o Alex malcomportado, não o Alex mandão do laboratório, não o Alex exigente. Apenas o Alex com sua presença empática. Vez por outra dizia: "Faz cócegas", e inclinava a cabeça para que lhe coçasse o rosto. Enquanto o coçava, a área branca ao redor dos olhos tornava-se sutilmente rosada, como quando a espécie se encontra em intimidade. Os olhos dele quase se fechavam.

As coisas pareciam mais sombrias e faltava uma semana para começar as aulas quando me comunicaram que o departamento não tinha conseguido encontrar outra pessoa para lecionar comportamento animal e que o meu emprego continuava à minha disposição, caso eu desejasse. *Caso eu desejasse?* Temporariamente aliviada, mas ainda sem financiamento, assegurara o laboratório por mais um ano. Os alunos teriam de ser voluntários porque não havia como pagá-los. Novamente tive de submeter um pedido de financiamento, que foi aprovado, e dessa vez o fundo foi liberado. Foram doze meses muito difíceis.

O período de aperto provou ser uma oportunidade para três anos de trabalho extremamente produtivos na Northwestern. Trabalhei os números com Alex não só porque nossa técnica de treinamento se mostrara bastante eficaz, mas também porque se relacionava com aquilo que as aves fazem na natureza. Colaborei com Linda Schinke-Llano, especialista na aquisição de uma segunda língua entre os humanos, que achou que o aprendizado de Alex das palavras inglesas iluminava esse processo. Fazíamos reuniões com o pessoal das ciências biológicas para mostrar que a aquisição das canções de outras aves por um pássaro em particular também aparentava ser a aquisição de uma segunda língua. Fiz com meus alunos um trabalho preliminar sobre o tão comentado objeto de permanência, ou seja: o entendimento de que um objeto continua a existir mesmo quando ocultado. Esta capacidade desenvolve-se gradualmente no primeiro ano de vida das crianças. Alex mostrava claramente um bom controle de tal capacidade e fazia uso disso para se divertir com nossos procedimentos de avaliação.

Realizei com a parceria da aluna Denise Neapolitan um pequeno estudo cujo objetivo era saber se as pessoas falam de forma diferente com os papagaios machos e os papagaios fêmeas. Nesse teste Alex representava tanto o papel de si mesmo,

O que é Banareja?

o macho, e o de "Alice", a fêmea. O resultado foi quase previsível: com "Alice" as pessoas conversavam com uma fala infantilizada, e com Alex, com uma fala normal. Katherine Dunsmore, uma outra aluna, recebeu uma pequena quantia e comprou um equipamento de gravação. Começamos a gravar a tagarelice noturna de Alex, ocasião em que estava livre para "praticar" sons e novas marcas antes de dormir, tal como fazem as crianças. Em 1962, Ruth Weir publicou um livro, agora clássico, intitulado *Crib Talk* [Conversa de berço]. Kathy e eu escrevemos então o nosso trabalho e quisemos lhe dar o título de "Cage Talk" [Conversa de gaiola], mas os editores não permitiram. Em vez disso, nós o intitulamos "Solitary Sound Play During Acquisition of English Vocalizations by an African Grey Parrot" [Sons solitários executados durante a aquisição de vocalizações em inglês por um papagaio-cinzento africano]. Sem graça, mas preciso.

No todo, tive que persistir muito na minha vida profissional até aquele momento; em parte, porque isso é de minha natureza, mas suspeito que também como uma forma de substituir o que estava faltando em minha vida. Eu vivia uma existência dividida, muito de mim era preenchido pela alegria dos grandes avanços que observava em Alex e o resto de mim estava dolorosamente vazio.

Desde minha chegada em Northwestern, havia me candidatado a uma posição regular na universidade, mas depois do susto de

ALEX & EU

1986 comecei a levar isso muito a sério. Nada havia surgido em meu caminho, a não ser algumas entrevistas de "ação afirmativa", como eu mesma dizia — era evidente que eu era a única mulher chamada e alguns poucos comentários durante a entrevista deixavam transparecer que não era levada a sério. Isso não me afetava muito, pelo menos até o outono de 1989, quando fui informada pela Northwestern que o meu cargo de professora assistente seria renovado no máximo até o final de 1990 — não porque Alex e eu tivéssemos tido um mau desempenho, mas porque havia regras para os cargos temporários. A reação de David foi similar à que teve em 1986: por que não arranja um trabalho "de verdade"? Mais uma leva de solicitações, mais uma leva de entrevistas e mais uma leva de muito estresse. Dessa vez me ofereceram um trabalho fixo na Universidade do Arizona, em Tucson, em maio de 1990. Por diversas razões resolvi fazer a mudança na última hora, por ocasião do feriado de Ação de Graças.

Enquanto isso Alex continuava atraindo a atenção da televisão local e nacional. Parecia adorar aquela exposição na mídia e não ficava nem um pouco tímido com as câmeras. Também recebíamos muitos visitantes; um deles se sobressaiu porque foi um acontecimento de abalar os nervos, pelo menos os meus. Um dia, ali pelo início do outono de 1988, minha amiga Jeanne Ravid me perguntou se podia levar alguém ao laboratório para conhecer Alex. Jeanne explicou que o amigo ficaria na

O que é Banareja?

cidade por pouco tempo e que estava hospedado em sua casa, em Evanston, ao sul do campus. "Garrick gosta demais dos papagaios-cinzentos", ela disse, "mas não pode ter um porque viaja muito. Ele sempre fica comigo quando está em Chicago", acrescentou, "em parte porque temos um piano grande e ele pode tocar quando lhe dá na telha, mas também é pelo nosso cinzento, o Wok. Ele adora o Wok."

Eu conhecia Wok porque tinha feito parte do estudo de Alex do objeto de permanência. Assim como conhecia a casa de Jeanne, grande e com um maravilhoso piano de cauda na elegante sala de entrada. Dentro de mim soou um sino: *hmm, Garrick, toca piano, viaja muito...* Jeanne explicou que Garrick conhecia o meu trabalho com Alex e que sabia que nós duas éramos amigas. "Espere um pouco, Jeanne", eu disse, "você está falando do pianista, *o* Garrick...?"

"Sim, ele mesmo", ela disse, "Garrick Ohlsson." Ohlsson foi o primeiro americano a vencer a International Chopin Piano Competition, em 1970, e tinha uma enorme reputação no mundo da música clássica. Seria um privilégio conhecê-lo, mas, ao mesmo tempo, pensei comigo: *ai, meu Deus! Já posso ver as manchetes nos jornais: "Papagaio arranca o dedo de pianista renomado." Por favor, Alex, não faça nenhuma besteira.*

Jeanne levou Garrick ao laboratório no dia seguinte. Era um homenzarrão, com uma barba quadrada muito bem aparada e uma presença marcante, uma verdadeira estrela. Com Alex, porém, parecia um menino na manhã de Natal, excitadíssimo por conhecer a minha própria estrela. Alex comportou-se esplendidamente. Gostava muito de homens, especialmente os altos, e parecia fascinado por conhecer Garrick. Pulou para o braço dele, subiu até o ombro e fez a dança do "estou realmente feliz com você", a mesma que faz parte do ritual de acasalamento dos cinzentos. Garrick também estava igualmente fascinado. Foi embora com os dez dedos intactos. E nós ganhamos entradas para o concerto que aconteceria naquela noite.

Não muito antes de deixarmos Chicago, Alex me deu um susto terrível. Ao retornar de uma viagem no início de setembro de 1990, encontrei uma mensagem de um aluno na secretária eletrônica. "Hoje tive de levar o Alex ao veterinário porque estava chiando de uma forma terrível", dizia a mensagem. "Chame o veterinário imediatamente", eu disse na mesma hora.

"Susan, o que há de errado?" Susan Brown era uma das três sócias de uma clínica veterinária de Chicago que me atendia rotineiramente.

"É um daqueles casos", disse Susan. "Aspergilose." Aspergilose é uma infecção causada por fungos que pode afetar a cavidade peitoral e os pulmões. Provavelmente Alex se contagiara em palha de milho contaminada, colocada em minha ausência para forrar o chão da gaiola em lugar da usual serragem de pinho que na ocasião não estava disponível. Diversos casos semelhantes tinham aparecido nas clínicas veterinárias nas semanas anteriores. "Fique tranquila, não é nada grave", disse Susan, tentando me acalmar. "Ele vai sobreviver. Estou no ci-

O que é Banareja?

nema. Telefono logo que sair." Susan tinha um daqueles primeiros celulares. Aqueles que pareciam um tijolo e pesavam como tal.

Fui direto para o meu livro sobre doenças de aves, procurei por aspergilose e gelei. "Conforte sua ave e espere a morte", era em essência a mensagem. Fiquei em pânico, completamente descontrolada até o telefonema de Susan. Mais uma vez ela me tranquilizou, dizendo que o livro estava ultrapassado e que Alex ficaria bem. "Acredite em mim", disse. "Vou dar alguns remédios para ele. Passe amanhã na clínica para pegá-los."

Mediquei Alex no laboratório por mais ou menos uma semana, mas ele não melhorava. Falava diariamente com Susan. Até que ela pediu que o levasse para a clínica para tentar novos medicamentos. Aparentemente, a situação não estava tão tranquila quanto Susan sugerira, até porque naquele momento o tratamento de infecção por *Aspergillus* nos papagaios-cinzentos não estava suficientemente desenvolvido. O único veterinário especializado na doença desenvolvera uma medicação para aves predadoras: águias e outras aves que pesavam doze vezes mais que Alex. Susan me disse que faria experiências na dosagem da droga com assistência dos colegas e que por isso era melhor Alex ficar na clínica durante algum tempo.

Já estava pronta para sair e disse: "Adeus, Alex." Ele me olhou e obviamente sentiu-se incomodado e amedrontado, acomodando-se em uma pequena gaiola. "Desculpa", disse com um fiapo de voz. "Vem cá. Quero voltar." Parecia tão desprotegido que me cortou o coração. "Está tudo bem, Alex", falei, tentando transparecer toda a confiança possível. "Te vejo amanhã. Voltarei amanhã." Vinha lhe dizendo isso, mas daquela vez a frase adquiriu pleno sentido. Era importante para ele entender que eu voltaria e que não o abandonaria naquele lugar.

Acordava cedo todo dia, ia até Northwestern, dava minha aula e depois dirigia durante uma hora até a clínica veterinária para passar o máximo de tempo possível com Alex. Deixava a clínica por volta das três horas, para evitar o horário de engarrafamento, retornava à minha sala e ao meu laboratório para empacotar a mudança para Tucson e depois jantava um sanduíche. Era desgastante, tanto emocional como fisicamente.

Os veterinários administravam os medicamentos de Alex por meio de um nebulizador, em resumo, um tanque por onde vaporizavam as drogas de modo que ele as inalasse. A pobre ave odiava o processo e não parava de dizer: "Quero voltar... quero voltar." A cada nebulização tinha de esperar até que o cronômetro indicasse o término da sessão. Logo aprendeu a rotina e esperava a sineta tocar antes de começar a exigir: "Vem cá. Quero voltar!"

Uma vez ocorreu uma emergência na clínica e os veterinários não puderam pegar Alex logo após o soar do cronômetro. "Espere um pouco, estamos ocupados", gritaram para ele. Mas Alex não era de esperar. Depois de uma série de "quero voltar", ele começou a bater o bico na parede do vidro do nebulizador. "Presta atenção!", ele disse. "Presta atenção. Vem cá. Quero voltar!" Aprendera a expressão com os alunos que lhe diziam durante o treinamento: "Qual é, Alex, presta atenção!"

O que é Banareja?

Por volta do início de novembro tornou-se evidente que os medicamentos não estavam funcionando. Fui chamada por Susan e os colegas dela, Richard Nye e Scott McDonald, para uma reunião sobre os procedimentos a serem tomados. Uma opção era continuar com os medicamentos e torcer para que funcionassem com o passar do tempo. A outra opção era cirúrgica. Mas era uma cirurgia experimental e podia ser perigosa. Acabei optando pela cirurgia.

Na época, apenas dois veterinários em todo o país eram capazes de realizar aquela microcirurgia, que envolvia a retirada de esporas do fungo da cavidade torácica de Alex. Um deles era Greg Harrison, em Lake Worth, na Flórida, que eu conheci em um simpósio naquele estado. Felizmente, já tinha em mãos a documentação necessária para ter um pássaro comigo na cabine do avião porque solicitara na viagem para Tucson. Sendo assim, o que tinha de fazer era conseguir as passagens. Cancelei uma palestra agendada com a Northern Illinois Parrot Society; embora eles não me conhecessem na ocasião, fizeram questão de levantar uma verba para ajudar nas despesas com o tratamento de Alex. Comprei a minha passagem com cartão de crédito. Depois, telefonei para Ernie Colazzi, um amigo que uma vez havia dito "telefone na hora que for quando precisar de alguma coisa", e expliquei que precisava de 600 dólares para uma passagem de avião para o Alex. Ele estava muito doente para viajar dentro de uma caixa debaixo do meu assento. Precisava monitorá-lo o tempo todo e lhe dar água e comida.

Naquela época o meu pai morava na Flórida e nos levou de carro do aeroporto até o consultório de Greg. Tivemos de esperar um pouco e não podíamos alimentar o Alex devido à cirurgia. Ele já estava sentindo fome. Estávamos sentados na sala de espera e Alex se mostrava cada vez mais ansioso, dizendo "quero banana", "quero milho", "quero água". Disse-lhe que não podia e que tinha de esperar. Ele então olhou para o meu pai e falou: "Quero ombro." Logo pulou para o ombro dele, aninhou-se junto à cabeça e começou a resmungar que queria isso e aquilo com uma voz suave. Meu pai era um pouco surdo e não ouviu os resmungos. Por fim, Alex gritou no ouvido dele "quero kiwi!". Nem gostava de kiwi, mas obviamente estava ficando desesperado. Mesmo cansada e preocupada como estava, não pude deixar de rir.

Fiquei com Alex quando Greg aplicou a anestesia para que se acalmasse e não fosse necessário aplicar uma dose maior. Em seguida, voltei para a sala de espera e adormeci de imediato — era a primeira vez em semanas que realmente quis dormir. Cerca de uma ou duas horas depois Greg me acordou e entregou-me uma trouxinha. Era Alex embrulhado na toalha. "Ele vai ficar bem", assegurou-me o veterinário. Passado algum tempo Alex começou a se mover lentamente e logo um pouco mais. Até que abriu um olho, piscou e disse com uma voz trêmula: "Quero voltar." E eu lhe disse: "Você vai ficar bem. Volto amanhã."

Na manhã seguinte peguei um papagaio mais tagarela e animado e voamos de volta para Chicago. Alex precisava ficar em

O que é Banareja?

observação na clínica por mais algumas semanas para se fortalecer. E também estávamos preocupados com a possibilidade de que o laboratório não estivesse completamente desinfetado do *Aspergillus* até a viagem para Tucson e não queríamos correr o risco de expô-lo novamente ao fungo.

Alex tornou-se o queridinho da clínica, falava com qualquer um que tivesse tempo para ouvi-lo. A gaiola dele ficava bem ao lado da mesa da guarda-livros. Na noite que antecedeu à viagem que fizemos para Tucson, a moça teve de ficar até mais tarde, trabalhando na contabilidade. "Quer noz?", perguntou Alex para ela.

"Não, Alex."

"Quer milho?", ele insistiu.

"Não, muito obrigada, Alex, não quero milho."

Isso continuou por mais algum tempo e a moça se esforçava para ignorá-lo. Por fim, parece que Alex começou a se exasperar e disse com uma voz petulante: "O que você *quer*?" Ela parou o que estava fazendo e começou a rir, e depois deu para Alex a atenção que ele estava pedindo.

Capítulo 6

Alex e Amigos

Eu teria sentido muito prazer em ficar em Northwestern se as coisas tivessem sido diferentes. Adorava o maravilhoso campus do lago Michigan. Tinha colegas incríveis e amigos muito próximos. Os alunos eram sensacionais. E Alex encabeçava a ideia de que o cérebro de um pássaro era capaz de atingir territórios jamais imaginados.

Mas os meus desejos não pesaram. As autoridades acadêmicas simplesmente não souberam o que fazer comigo. Eu estava fora da zona de conforto da ciência tradicional, as questões que levantava incomodavam muito e não se encaixavam nas elegantes categorias nem da psicologia nem da linguística, nem da antropologia nem do comportamento animal. O meu trabalho englobava tudo isso, mas não se inseria em nada. Assim, a estabilidade profissional não foi sequer remotamente considerada durante os mais de seis anos que permaneci no campus e me vi obrigada a sair. Era a regra, e eles sabiam muito bem seguir as regras.

A essa altura, o meu casamento chegara a um impasse. No início, tinha sido uma relação adorável, tal como os casamentos costumam ser. Mas David acabou por não compreender a importância do que eu fazia e por que o meu trabalho, frequentemente sem apoio, ocupava a maior parte do meu tempo da mesma forma que a carreira dele o deixava ocupado. Eu simplesmente não podia desempenhar um papel subordinado. Era evidente que devíamos nos separar.

E assim, no domingo após o feriado de Ação de Graças de 1990 Alex e eu chegamos ao aeroporto O'Hare de Chicago, prontos para o *check-in* no balcão da United Airlines para o voo até Tucson, Arizona. Entreguei as duas passagens para a funcionária. Ela era só sorrisos. Olhou as passagens, olhou ao redor e perguntou em seguida: "Onde está Alex Pepperberg?" Foi dessa forma que emitiram a passagem dele. Ergui ligeiramente a caixa para que pudesse vê-lo. Ele soltou um animado assovio. A funcionária parou na mesma hora de sorrir. "Um papagaio!", deixou escapar. "Alex Pepperberg é um papagaio?", enfatizou a palavra "papagaio" de modo decidido. "Desculpe-me, mas não vendemos passagens para bichos de estimação", acrescentou bastante indignada.

"Na verdade, vendem, sim", repliquei. "Olhe aqui a documentação." Mostrei a extensa papelada que batalhara junto à burocracia da União muito antes da viagem que confirmava que Alex era uma valiosa pesquisa científica (além de uma celebridade televisiva) e que, portanto, demandava um assento regular. A papelada também certificava que ele não apresentava doença alguma e que poderia viajar na cabine principal.

A funcionária não levou em consideração, recusando-se a ouvir todas as minhas explicações. Solicitei a presença de um supervisor para intervir naquilo que rapidamente se tornava uma cena típica de Monty Python. O supervisor constatou que Alex realmente tinha uma passagem que lhe dava o direito de um assento apenas para ele. Gelada como o vento invernal do lago Michigan, a funcionária fez a contragosto o nosso *check-in*. "O que é isso?", lançou depois a pergunta, olhando desconfiada para três caixas que estavam aos meus pés.

"É a bagagem do Alex", respondi, a essa altura me divertindo com a situação. As caixas continham o equipamento de Alex que passara por uma cuidadosa esterilização para garantir que não carregasse vestígios do *Aspergillus*. "Acho que ele tem direito aos três itens, uma bagagem de mão e duas malas", acrescentei. "Não é mesmo?"

A funcionária lutava para manter a raiva sob controle. Fez uma última tentativa de me irritar. "Suponho que a senhora já tenha deixado orientações sobre a comida que deve ser servida para ele, não é?", disse com uma dose extra de sarcasmo.

"Sim, na verdade já fiz isso", retruquei com um sorriso triunfante. "Ele escolheu um prato com frutas."

Já no avião, quando serviram o prato com frutas, Alex virou o bico em sinal de recusa e preferiu a minha salada de camarão. O rapazinho sabia viajar com estilo!

* * *

Foi em meio a um misto de emoções que Alex e eu desembarcamos em Tucson para dar início ao próximo capítulo de nossa jornada. Sim, eu finalmente tinha um cargo efetivo como professora do departamento de Ecologia e Biologia Evolucionária, o primeiro trabalho "de verdade", a primeira sensação de segurança que a estabilidade no emprego oferece. Como mulher, agora por conta própria, isso era importante. Metade dos integrantes do departamento, no entanto, se opusera à minha contratação e elaborara um requerimento para o reitor solicitando que a bloqueasse. Na Universidade do Arizona, os chefes de departamento têm poder absoluto e o chefe do EEB (departamento de Ecologia e Biologia Evolucionária), Conrad Istock, avaliara o meu trabalho, concluindo que a minha experiência fortaleceria o departamento. O requerimento não teve êxito e fui contratada. Além de Conrad, outros me apoiaram no departamento, era uma gente maravilhosa, mas um quase visível antagonismo perturbou o meu começo.

Tão logo absorvi a magia do Arizona, não levou muito tempo para que varresse a negatividade de dentro da cabeça. Uma vez escrevi em algum lugar que Tucson me arrancou lágrimas — literalmente, porque desenvolvi com rapidez alergias a tudo o que cresce por lá, e metaforicamente, pela beleza das montanhas majestosas, os desertos, os cactos e, em todos os detalhes, os animais, as plantinhas e os pássaros. Oh, os pássaros! Passei a ser uma amante de pássaros desde o momento em que meu pai instalou o alimentador no quintal da nossa casa no Queens. Com o tempo isso se tornou ainda

Alex e Amigos

mais sério. E agora havia um verdadeiro paraíso alado à entrada da casa.

Adquiri uma casa a doze quilômetros a oeste da cidade e naquela época a região era quase rural. Toda manhã sentava-me à varanda com uma xícara de café na mão e contemplava a paisagem enquanto o sol surgia sobre o Rincon Range, ao leste. Observava os raios de sol se estenderem sobre os picos mais altos das montanhas Santa Catalina diretamente à minha frente, e suspirava ao ver a beleza da névoa rosada sutilmente tingida de lilás que se alongava sobre as montanhas Tucson, ao oeste. Toda a extensão de terra da bacia de Santa Cruz onde a cidade de Tucson se abriga. E lá estava ela em todo o seu encanto para que a sorvesse a cada dia. Como poderia não me fascinar? Como poderia não ser seduzida pelo esplendor da Mãe Natureza?

Pela primeira vez na vida eu me sentia profundamente conectada com a natureza, com a rica diversidade da fauna e da flora do deserto de Sonora bem ali naquele meu meio hectare de terra para eu olhar, cheirar e tocar. E naquela parte do país onde a presença nativo-americana é tão palpável me vi muito mais consciente do profundo sentido de integração com a natureza desse povo. Eu ressoava com tudo isso. Comecei a ver Tucson no seu todo como ofertando para mim e Alex uma grande promessa para o nosso trabalho, e como uma oportunidade para estar comigo mesma sem a obrigação de ser alguma coisa para uma outra pessoa... um lugar e um tempo para restaurar a minha alma.

* * *

ALEX & EU

Depois de um revezamento em alojamentos temporários, assentei o meu laboratório no subsolo do prédio Life Sciences West. Comparado com tudo o que tivera antes, era um espaço enorme. Com uma grande área central dominada por uma mesa redonda onde estavam os domínios de Alex (continuava com a velha cadeira de metal) e mais dois balcões retangulares que convergiam em um dos cantos, um deles ocupado por Alo, o outro, por Kyaaro, dois cinzentos jovens que adquirira de uma amiga criadora no sul da Califórnia no início de 1991 para expandir nossos estudos. (Constantemente ouvia comentários do tipo "mas o Alex é a única ave aqui", ou "e se o Alex morrer?". O susto que levei com a aspergilose me fez pensar na última possibilidade.) Cada pássaro tinha o seu próprio espaço para dormir, treinar e ser testado. Ainda sobrava espaço para alunos graduados e para a minha sala enorme, realmente palaciana.

Passado algum tempo eu já estava com quatro alunos graduados e isso me permitia expandir a área de estudo, acrescentando o procedimento ecológico de trabalho em campo na África ao treinamento e testes em laboratório. Dispunha de um exército de uns vinte alunos ainda não graduados que mantinha o laboratório e entretinha e treinava as aves. Visto de fora, o lugar parecia caótico e de certa forma era. Minha filosofia era aplicar uma cultura onde predominava o equilíbrio entre diversão e brincadeira com um estudo científico sério e cuidadoso.

O lugar também me demandava muito, tanto em tempo como em dinheiro. O departamento fornecia fundos para um

Alex e Amigos

único aluno graduado e a National Science Foundation garantia fundos para outro graduado e para alguns poucos não graduados. Vinha um pouco mais de um programa de pesquisa biológica para não graduados. Mas o resto saía da The Alex Foundation, uma organização sem fins lucrativos que criei em 1991 a fim de levantar dinheiro para sustentar nosso trabalho e para comunicar nossas descobertas a um público maior. Corríamos atrás de financiamento e comercializávamos camisetas e outros itens relacionados a Alex, além das palestras que eu dava. Com toda essa atividade e as novas responsabilidades na sala de aula, de repente me vi trabalhando como nunca, tanto em quantidade como em tempo. Nunca voltava para o meu oásis emocional às margens do deserto antes das dez e meia da noite e raramente ficava em casa nos finais de semana.

Tanto Alo como Kyo, apelido de Kyaaro, eram dóceis, mas ambos tinham chegado com uma bagagem desconhecida para nós e para Madonna LaPell, a criadora. Alo fora mandada de volta para Madonna depois de ter sido malcuidada pelo antigo dono. Parecia bem quando foi adquirida por mim com sete meses de idade. Ligou-se aos alunos que trabalhavam com ela e obtivemos um progresso razoável. Mas quando os alunos começaram a graduar-se e a deixar o laboratório, o trauma dos abusos que teve na infância vieram à tona. Talvez por ter se sentido abandonada sempre berrava com muita dor quando pessoas desconhecidas se aproximavam dela.

Kyo também parecia bem. Na realidade, tinha dificuldades com os brinquedos e a capacidade de atenção dele era menor que a de Alex quando novinho, mas na ocasião só tinha três meses de idade. Eu não fazia ideia do que era ou não normal. Quando Kyo atingiu a maturidade sexual é que nos apercebemos que apresentava uma versão animal da síndrome de hiperatividade do déficit de atenção. Tornou-se muito difícil trabalhar com ele porque se assustava com qualquer barulhinho no laboratório e desviava o olhar quando alguém deixava cair um livro ou até mesmo uma colher. Parecia não conseguir distinguir no ambiente o que era e o que não era importante.

Antes da manifestação de tais problemas, no entanto, conseguimos partir para uma empreitada que era para ser um longo estudo dos métodos de treinamento. O objetivo era saber se o método modelo/rival que sempre envolvia dois treinadores e consumia tempo era de fato necessário. Os pássaros poderiam aprender a marcar com a mesma eficiência por meio de abordagens convencionais, abordagens que demandavam menos treinadores e, por consequência, uma interação social menor? Fizemos uso, por exemplo, de fitas de áudio e vídeo. A resposta foi evidente: a técnica modelo/rival era muito mais eficaz que qualquer outra que experimentáramos. O forte instinto que tive desde o princípio aliado ao senso comum estava provado: um contexto social rico é essencial para o ensino da comunicação de habilidades. E me deu uma vontade de dizer... *Dããã!*

Enquanto isso Alex passava um longo tempo recuperando-se do seu quase encontro com a morte, provocado pela

Alex e Amigos

aspergilose. Pela aparência e o comportamento dele ninguém diria que convalescia, mas foi necessário pelo menos um ano depois de nossa chegada em Tucson para que ficasse completamente sadio. Como a maioria dos papagaios, os cinzentos também ocultam os sintomas de incapacidade porque na natureza a exibição da vulnerabilidade atrai os predadores e muitas vezes pode ser fatal.

Na maior parte do tempo, Alex agia como o chefe do laboratório, recebendo os visitantes e direcionando as atividades lá de sua mesa redonda no centro da sala. Seria até o caso de chamá-lo de "senhor Alex", e alguns estudantes começaram mesmo a chamá-lo de "sr. A.." Sempre que podia se intrometia nas sessões de treinamento de Alo e Kyo. Nesses treinamentos os dois geralmente estavam em seus respectivos espaços, mas vez por outra passavam por uma pequena revisão no espaço principal e, nesses momentos, Alex gritava alto a resposta correta para a pergunta que Alo e Kyo se matavam para responder. Ou então os advertia, dizendo: "Está errado", e com frequência era o caso.

Continuei a trabalhar os números com Alex, incluindo um estudo de reconhecimento e compreensão dos números arábicos. Foi um projeto longo e desafiador que anos mais tarde mostrou-se espetacular. Certo dia do outono de 1992, durante uma visita de Linda Schinke-Llano que chegara de Illinois, aconteceu algo enquanto trabalhávamos com um conceito simples de número. Eu mostrava para Alex uma bandeja de objetos de diferentes materiais e diferentes cores. "Quantas lãs verdes?", perguntei-lhe. Já estava fazendo a mesma tarefa durante algum tempo e até aquele momento ele atuava como se diante de uma equipe de TV.

Alex olhou para a bandeja e lançou-me o mesmo olhar que lançava em algumas ocasiões, que só pode ser descrito como oblíquo. "Uma", disse com uma voz esganiçada. A resposta era "duas".

"Não, Alex. Quantas lãs verdes?"

Outra vez o mesmo olhar. "Quatro", e repetiu com aquele jeito dele charmoso e cantado: "Quaa-trooo."

Linda estava assistindo e eu queria que ela testemunhasse o bom desempenho de Alex após a doença e a reabilitação. "Vamos lá, Alex. Quantas lãs verdes?"

Não adiantou. Ele continuou alternando: "Um... quatro... um... quatro."

A certa altura me dei conta de que ele queria me enrolar. Eu sabia que ele sabia a resposta correta. "Tudo bem, Alex", falei com um tom severo. "Você está precisando de uma pausa." Levei-o para o espaço dele e fechei a porta.

"Duas... duas... duas... desculpa... vem cá!"

Imediatamente, Linda e eu ouvimos a resposta soando por trás da porta fechada de Alex. "Duas... vem cá... duas." Nós rimos até chorar.

"Acho que Alex voltou ao normal", por fim consegui dizer para Linda. "O pequeno patife!"

* * *

Alex e Amigos

No início de maio de 1992 recebi uma carta de Howard Rosen, um advogado de Los Angeles. Queria saber se ele e sua namorada, Linda, podiam visitar Alex. Frequentemente recebia tais solicitações, em grande parte de amantes de papagaios que tomavam conhecimento de Alex pelas informações que circulavam. Negava polidamente na maior parte das vezes, tanto por razões de segurança no laboratório como para assegurar a saúde dos papagaios, mas também porque a minha agenda de trabalho era extremamente cheia. A carta de Howard começava assim: "Cara dra. Pepperberg, não tome esta carta por uma loucura. Por favor, leve-a em consideração." Geralmente esse tipo de afirmação era uma indicação segura de que se tratava mesmo de uma loucura, e em outras circunstâncias a teria descartado.

Nesta carta, porém, Howard explicava que planejava pedir Linda em casamento e perguntava se Alex poderia ser treinado para fazer o pedido por ele — uma espécie de proposta por procuração dada a um papagaio. Na resposta, expliquei que o treinamento de linguagem do Alex não funcionava dessa maneira. Mas me senti tão tocada pela devoção que aquele homem nutria pela namorada e pela criatividade dele que acabei assentindo: "De qualquer forma, podem vir."

Só fiquei sabendo da história toda quando Howard e Linda chegaram ao laboratório pouco tempo depois. Linda era apaixonada pelos animais e acompanhava assiduamente a história de Alex nas revistas e na televisão. Gravara um show de TV, com Alex e eu, e o exibira para Howard. O homem tinha surrupiado o vídeo para poder me localizar. E depois planejou passar um longo fim de semana em Tucson com Linda e teve a ideia de surpreendê-la com uma proposta de casamento feita por intermédio do Alex.

Howard mudou os planos quando recebeu minha carta. Saiu para comprar um anel de diamante e duas passagens de avião para Tucson e fez uma reserva no Westwood Brook Resort no sopé das montanhas Santa Catalina, perto da cidade. No entardecer do dia 8 de maio fez Linda sentar-se e ajoelhou-se na frente dela. Pediu-a então em casamento, apresentando ao mesmo tempo o anel e as passagens, e revelou o plano de visitar o meu laboratório. Linda ficou extasiada com a proposta de casamento que recebia, como qualquer mulher ficaria em momentos assim. "Vou conhecer o Alex", exclamou. "É maravilhoso!" Brincando, Howard me confidenciou que se sentira meio chateado porque a resposta de Linda não era a esperada, ou seja: "Vou me casar. É maravilhoso!" Tal era a celebridade de Alex. Howard e Linda voaram para Tucson naquele mesmo dia.

Alex vestia o seu manto de celebridade com grande desenvoltura e parecia se deleitar com a atenção que a fama lhe trazia. Frequentemente o laboratório recebia visitas de equipes da televisão americana e de outros lugares. Cada filmagem era mais uma oportunidade para se exibir, pavonear suas habilidades, enfim, ser o centro das atenções. Mostrava um certo brilho em seus olhos, um brilho vaidoso, se é que se pode dizer assim, e encarnava bem o papel de estrela do momento. A exposição pública trouxe-nos grande notoriedade. E como quase

Alex e Amigos

sempre acontece no meio acadêmico, a notoriedade acabou despertando um pouco a inveja de alguns colegas de departamento, mesmo que não tenha percebido na época.

A condição de celebridade também trouxe seguidores fanáticos para perto dele. Carol Samuelson-Woodson, uma colega, ofereceu-se para ajudar a cuidar de Alex durante um feriado de Ação de Graças até que eu voltasse do descanso. Seria o primeiro encontro de Carol com Alex. Ela escreveu detalhadamente a experiência em um ensaio encantador. Descreveu a entrada pela porta de segurança do laboratório e a passagem por entre as bandejas de desinfetante para prevenção contra contaminações. "Finalmente, entrei em uma sala enorme, barulhenta, onde três maravilhosos cinzentos africanos lançaram-me uma inescrutável olhadela", escreveu. "O papagaio mais próximo brincava em cima de uma mesa grande e redonda que estava coberta com coisas que aparentemente eram o conteúdo de uma lata de lixo: pilhas de papel rasgado e grãos de milho, bagas, vegetais amassados... tudo muito colorido. Os outros dois papagaios estavam em uma bancada, separados um do outro."

O aluno encarregado pelo laboratório naquele dia começou a lhe falar sobre horários, preparação do alimento e coisas assim. Carol admitiu que estava muito nervosa e que se encheu de coragem e perguntou: "Algum... desses papagaios é o... Alex?"

"Oh, sim, *aquele* é o Alex", o aluno apontou com displicência para a ave na mesa redonda.

Carol descreveu assim o momento: "Abismada, meus joelhos bambearam e me apoiei na mesa... custei a acreditar que a fabulosa criatura estava bem ali à minha frente, com todas as suas penas, e que tinha passado por ele, ESNOBANDO-O. 'AQUELE É O ALEX?', perguntei gaguejando como uma idiota. Achei que haveria um tapete vermelho estendido até um magnífico trono; um poleiro de ouro e um pássaro altivo com uma capa vermelha e uma coroa cheia de pedras preciosas. Depois, Sua Graciosidade pulou em minha mão, marchou até o ombro e, todo prosa, recebeu minhas tardias adulações."

Alex nunca ostentou a vestimenta de nobreza, animal ou qualquer outra. Mas Carol estava certa sobre o aspecto altivo dele. Não o tempo todo, mas cumpria esse papel com grande segurança quando se sentia um rei. O que, aliás, quase sempre se sentia.

Desde que comecei a trabalhar com Alex em meados dos anos 1970 me concentrei na produção e compreensão das marcas e na forma com que ele respondia as solicitações ou fazia as suas próprias — em outras palavras, uma comunicação de mão dupla entre nós dois —, valendo-se de partes da fala humana. Diane Patterson, uma de minhas primeiras alunas graduadas, tinha formação em linguística. Isso oferecia uma oportunidade maravilhosa de colocarmos diferentes questões sobre as vocalizações de Alex.

ESQUERDA: Uma vez mais para a câmera: "Qual número é roxo?"
Foto de William Munoz

DIREITA: Agora um pouco de compreensão do algarismo: "Qual objeto é dois?" *Foto de Arlene Levin-Rowe*

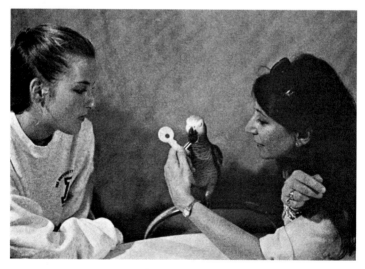

Alex no Arizona com Sandy Myskowski e Irene, demonstrando o treinamento "modelo/rival". *Foto de William Munoz*

AO LADO: Alex, à esquerda, ajuda a treinar Griffin: "Fale claro!"
Foto de William Munoz

CENTRO: Um teste de adição, mas Alex está mais interessado na fotógrafa que na tarefa.
Foto de Arlene Levin-Rowe

ABAIXO: Trabalho com fonemas, como no famoso incidente "n-o-z": "Qual som é azul?"
Foto de Jenny Pegg

AO LADO: Alex na mão de Irene, de olho em sua gaiola quando o *flash* da câmera incide sobre ele. Logo depois da fotografia, ele disse: "Quero voltar!"
Foto de Karla Zimonja

CENTRO: Encenando uma pergunta sobre algarismo para a câmera. Em um conjunto de blocos de madeira vermelhos, verdes e azuis: "Quantos blocos vermelhos?"
Foto de Arlene Levin-Rowe

ABAIXO: Kyaaro (à esquerda), Alex (na mão) e Griffin (ainda bebê, com um ano de idade) com Irene, fazendo careta para a câmera.
Foto de William Munoz

AO LADO: Kyaaro numa sessão com Diana May e Irene, solicitando a recompensa favorita dele: "Coça".
Foto de William Munoz

CENTRO: Alex no topo de sua gaiola com sua caixa de papelão, brincando com os sons e praticando uma nova marca.
Foto de Arlene Levin-Rowe

ABAIXO: "Rosa" é a resposta para "Qual cor é menor?" E Alex pega o objeto para mastigá-lo.
Foto de William Munoz

AO LADO: De novo para a câmera, "Qual material é verde e quadrilátero?". A resposta é madeira. *Foto de William Munoz*

CENTRO: Alex em sua caneca icônica e "sonora": A caneca atuava como uma câmara de eco, amplificando os sons quando ele enfiava a cabeça lá dentro e falava. *Foto de Arlene Levin-Rowe*

ABAIXO: Arthur (Wart) e o Serial Tr-Hacking: dependendo da caixa onde estiver uma noz, Arthur terá que ler a seta que há ali e empurrar a alavanca para cima ou para baixo, ou girá-la para obter a recompensa. *Foto de Ben Resner*

Alex convencendo um aluno a coçá-lo em vez de fazer a sessão.
Foto de Karla Zimonja

Alex checando seu café da manhã composto de vegetais orgânicos e frutas. *Foto de Karla Zimonja*

AO LADO: Equilibrando os três papagaios para uma "linda foto". Alex tem que ficar mais próximo do rosto de Irene. *Foto de Mike Lovett*

CENTRO: Jesse (à esquerda) e Jessica elogiam Alex quando ele responde corretamente à pergunta: "Qual é o número verde?" *Foto de Arlene Levin-Rowe*

ABAIXO: Trigésimo *ovo-aniversário* de Alex, em 2006: "Bolo gostoso!" *Foto de Arlene Levin-Rowe*

Alex na "cadeira", fazendo companhia a Irene enquanto ela lê seus e-mails. *Foto de William Munoz*

Alex no poleiro de treinamento, descansando no intervalo dos testes. *Foto de Karla Zimonja*

Alex e Amigos

Escolhi Alex como parceiro no longo projeto de pesquisa porque sabia que os papagaios-cinzentos, comparados a outras espécies de papagaio, seriam capazes de emitir a fala inglesa com muita clareza. Ouvia inúmeras histórias passadas entre os donos de cinzentos que diziam respeito à capacidade de seus pássaros não apenas de falar com clareza, mas também de falar de um modo quase idêntico ao dos donos. Deborah e Michael Smith, amigos meus, têm um cinzento, Charlie Parker. Charlie é fortemente ligado a Michael e apresenta uma fala igual à dele, às vezes para o embaraço de Michael e outras vezes para o benefício dele. Eis um exemplo.

Debbie me contou que uma vez encontrava-se ao telefone com um corretor de seguros particularmente chato. "O homem estava sendo muito grosseiro e arrogante, bastante vulgar", disse Debbie, "e eu não estava lidando bem com a situação." Charlie, de sua parte, dependurado na lateral da gaiola mostrava-se cada vez mais agitado com aquele abuso verbal. "De repente Charlie gritou com a voz de Michael: 'Vou te dar um chute na bunda, seu filho da puta.' O sujeito ficou em completo silêncio. Eu então lhe disse: 'Bem, acho que não temos mais nada a discutir.' E assim terminou aquele horrível episódio."

Não tenho histórias que se igualem às de Debbie e Michael, mas também tenho consciência de que Alex pegou o sotaque bostoniano que adquiri quando vivi naquele lugar. Quando Alex dizia "quero chuveiro", dizia daquela forma "charmosa" que os bostonianos dizem com um visível sotaque britânico.

Obviamente, meus alunos e eu não tínhamos dificuldade para entender os sons que Alex emitia. E nossos estudos demonstraram que ele também não tinha dificuldade para entender o que lhe dizíamos. Na ocasião Diane e eu colocamos duas questões. Primeira, as vocalizações de Alex soam aos nossos ouvidos como inglesas, mas em suas propriedades acústicas soam realmente como na língua inglesa? Philip Lieberman, um renomado linguista, sugeriu anos atrás que os papagaios produzem a fala humana por meio de uma inteligente combinação de assovios e não da maneira que você e eu produzimos os sons da palavra. Como resultado disso, as propriedades acústicas dos sons de humanos e de papagaios seriam muito diferentes. A segunda questão era a seguinte: como Alex pode emitir sons que aos nossos ouvidos parecem palavras com uma anatomia tão diferente da nossa, tanto no trato vocal e na língua como na posse de um bico e, óbvio, na ausência de lábios?

Para responder a tais questões, nos valemos de um equipamento especial para gravar e analisar os sons que ele emitia ao responder as perguntas. E o colocamos dentro de uma máquina de raios X para observar o movimento ou a ausência de movimento das partes anatômicas durante as suas vocalizações. Não pretendo entrar em detalhes aqui porque a análise linguística pode ser enfadonha, mas vou me concentrar em algo específico. O componente fundamental da fala humana é o conhecido formante, uma energia padrão característica de cada som de nossa fala. Quando um linguista observa o sono-

Alex e Amigos

grama de um indivíduo que está falando, é possível reconhecer, por exemplo, as partes da fala — "oh" ou "ee" ou "ah" ou o que seja — que estão sendo produzidas. Assim como também é possível identificar se são sons humanos.

Quando junto com Diane examinamos os sonogramas das vocalizações de Alex, estas eram parecidas, se não idênticas, com as que eu ou você produzimos, logo muito similares nos formantes e em tudo mais. Isso mostra que a fala humana não é tão singular como tem sido propagado há muito tempo. Alex produzia sons acusticamente bem semelhantes aos nossos. Não é de espantar então que pudéssemos nos entender ou pelo menos ouvir o que o outro dizia. A forma com que ele fazia isso é muito complicada e na realidade não é tão interessante quanto o fato de que era capaz de fazê-lo. (Se quiser aprofundar mais o assunto, consulte o capítulo 16 do meu livro *The Alex Studies.*)

A descoberta mais interessante que fizemos foi o modo pelo qual Alex produzia os sons que reconhecemos como marcas. Vamos pegar, por exemplo, "*corn*" (milho) e "*key*" (chave.) Se estivesse simplesmente repetindo estas palavras, Alex as teria aprendido e poderia produzi-las como um som completo. Contudo, quando você e eu falamos "*corn*" e "*key*", fracionamos as palavras de maneira que o som "kuh" de "*corn*" é diferente do "kuh" de "*key*", e cada palavra é completada com o som apropriado, "orn" e "ey". O termo elegante para esta ação é "coarticulação antecipatória". Não se supunha que algum animal fosse capaz de fazer isso. Mas como foi demonstrado

ALEX & EU

por mim e Diane, Alex era capaz. O que significa que tais padrões da fala não são exclusivamente humanos como muita gente supõe.

Esse tipo de ação é um entre os muitos tijolos que constroem a linguagem, e o encontramos no cérebro de Alex. Mais uma vez é preciso esclarecer que isso não significa que Alex tinha linguagem mas que o que ele fazia nos leva a questionar um pouco mais a natureza da linguagem e como se manifesta em mim e em você. No que concerne a Alex, mais uma vez ele demonstrava habilidades que não se esperava que tivesse.

Ele era mesmo um pássaro muito inteligente...

Na primavera de 1995 me dei conta de que não era exequível um trabalho mais longo com Alo. Relutantemente, enviei-o para Salt Lake City, Utah, para viver com minha amiga, Debbie Schluter, sabendo que ela daria ao pássaro os cuidados necessários. Agora tínhamos de encontrar um substituto. Branson Ritchie, um dos principais veterinários de aves do país, disse-me que Terry Clyne, amiga dele, se oferecera como doadora de um cinzento para o meu projeto.

Terry era advogada na Georgia, mas a paixão e a vocação dela eram a criação de papagaios-cinzentos no aviário Apalachee River. Conversamos por telefone. Ela disse que tinha um candidato perfeito, um pássaro de treze semanas de idade que já estava completamente emplumado, enfim, pronto para partir. Combinamos que o pegaria na semana seguinte, já que eu

Alex e Amigos

estava indo para Washington D.C. e seria fácil aproveitar a passagem de avião para dar um pulo até lá. Isso foi no início de junho.

Cheguei na maravilhosa propriedade de Terry, em Farmington, ao sul de Athenas, e ela me levou imediatamente para ver a criação de aves. Logo eu estava sentada no chão em meio a um bando de filhotes de cinzentos. Era uma visão maravilhosa e... barulhenta! Embora já tivesse escolhido um pássaro para mim, Terry me apresentou a todos os bebês ainda disponíveis. Logo ouvi um *chiip, chiip, chiip* quando o pequenininho do bando tentava me alcançar aos tropeções, quase sem conseguir firmar-se nas pernas e com mais espinhos de penas que penas propriamente ditas em seu corpinho. Começou a puxar o meu jeans e pipilava cada vez mais. Aquela coisinha intrometida, praticamente apenas cabeça, olhos e bico, não podia ser mais encantadora. Uma trouxinha de energia e entusiasmo toda voltada para mim. Terry olhou-me e disse: "Bem, Irene, acho..."

Balancei a cabeça e disse: "Sim, Terry, também acho." O pequeno papagaio de sete semanas e meia de idade tinha me escolhido. Eu simplesmente não pude resistir.

Depois que paramos de rir e paparicar os filhotes, Terry perguntou-me: "O que sabe sobre alimentação de bebês cinzentos, Irene?"

Nunca tinha precisado fazer muito disso; Kyo necessitara apenas de uma alimentação suplementar, e mesmo assim, com uma colher. "Nada", respondi.

145

"Então tem de aprender... e agora", disse Terry.

Os cinzentos jovens como aquele filhote precisam ser alimentados com uma seringa. Esse procedimento é muito delicado e potencialmente letal. Se você introduzir a alimentação do filhote na traqueia, não no esôfago, o bebê morre. Fiz um curso de uma hora de como não matar o meu precioso bebezinho cinzento.

"Quero que você fique com isso também", disse Terry quando eu já estava de saída, carregando o meu filhote cinzento com muito cuidado dentro de uma caixa para transportar gatos. Ela estendeu uma caixinha de papelão. Abri e vi uma caixinha de vidro rosa, onde estavam aninhados em um montinho de algodão os fragmentos de um ovinho do qual saíra o meu filhote menos de dois meses antes.

"Muito obrigada, Terry", disse enquanto colocava a caixa dentro da minha bolsa.

Logo que cheguei ao aeroporto, telefonei para Debbie, em Salt Lake City, e disse: "Debbie, lembra daquela vez que você disse que eu poderia lhe telefonar se precisasse de alguma coisa? Pois bem, estou precisando que faça um voo até Tucson para me encontrar agora." Expliquei-lhe a inesperada situação. Debbie é uma veterinária competente, acostumada a alimentar filhotes de pássaros. Encontramo-nos no aeroporto e atravessamos a cidade de carro com nossa trouxinha rumo ao laboratório, onde Debbie passou vários dias ensinando como utilizar a seringa da forma mais correta. Os poucos meses que se seguiram foram de arrebentar os nervos. Antes de sair de casa de manhã, eu sempre me apavorava à espera de uma tragédia quando o telefone tocava. Felizmente, nunca aconteceu nada de ruim.

A criação daquele pequeno pássaro foi muito diferente de tudo que já experimentara. Os periquitos da minha infância já chegavam desmamados e completamente emplumados. Alex estava com um ano de idade quando o adquiri, e Alo e Kyo já tinham atingido o tamanho ideal, embora não estivessem sexualmente maduros. De maneira geral, estes três cinzentos já eram capazes de cuidar de si mesmos, de se alimentar e de se catar. Não só tivemos que alimentar manualmente o nosso filhote diversas vezes por dia, como também carregá-lo conosco a maior parte do tempo e enrolá-lo em pequenas cobertas durante muitas semanas. O ar-condicionado deixava o laboratório frio demais para um pássaro com poucas penas. E ele poderia entrar em pânico se fosse deixado sozinho. Estava habituado a aninhar-se junto aos companheiros do bando, ouvindo a batida de pequenos corações e sentindo o calor dos outros. Precisava ouvir as batidas cardíacas do nosso corpo quando o segurávamos. Precisava do nosso calor. Tive então de fazer o papel de mãe substituta, alisando as penas e espremendo as saliências (removendo a camada de queratina das novas penas), porque ele não tinha mãe para fazer isso.

Inevitavelmente, você acaba criando um laço muito especial quando compartilha uma intimidade assim com uma criatura que é totalmente dependente. E tão encantadora. Alex sempre ocupou o primeiro lugar no meu coração, o que é desnecessá-

ALEX & EU

rio dizer. Mas aquele pequeno recém-chegado também se aninhou no meu coração.

Que nome daria então ao novo papagaio? Logo optamos por Griffin por algumas razões. Primeiro, como uma homenagem a Donald Griffin, o homem que ajudou a estabelecer o pensamento animal como um campo legítimo da ciência durante os anos 1970 e 1980. Assim como também ajudara a angariar fundos para mim na ocasião em que estive na Purdue. Segundo, alguns de nós achavam que uma infância exagerada o fizera se parecer com Grifo, a fabulosa criatura mitológica com cabeça de águia e garras de leão. Por último, *Griffin and Sabine*, uma história de amor que envolvia um papagaio e que naquele verão foi bastante comentada no laboratório. E assim ele se tornou Griffin. (Devido à estreita relação maternal que desenvolvera com ele, tratei de não participar ativamente em seu treinamento e de só testá-lo em companhia de outros. Era preciso manter essa distância.)

Pouco depois da chegada de Griffin, nós o apresentamos ao Alex. Os pássaros adultos desenvolvem um carinho paternal com os filhotes e tornam-se seus protetores. Parte do nosso plano para o trabalho futuro era induzir Alex a desempenhar o papel de treinador para Griffin, fazendo parceria com um de nós no programa modelo/rival. Ajudaria muito se houvesse um bom relacionamento entre os dois. Assim, levei Griffin até a mesa de Alex. Entretido com sua caixa de papelão, Alex estava fazendo portas e outras aberturas por onde passar, tal como escavaria um ninho se estivesse na natureza. Imaginei então

Alex e Amigos

que a introdução de um filhote em uma situação aconchegante como aquela seria realmente tranquila.

Coloquei Griffin delicadamente sobre a mesa. Alex deixou de fazer o que estava fazendo, olhou-o e, resmungando um sinal de não-se-meta-comigo, começou a andar lentamente na direção de Griffin com as penas arrepiadas e o bico preparado de forma ameaçadora. A intenção dele era óbvia. Estava indo para a jugular. Peguei rapidamente o pobre Griffin e o tirei da zona de perigo, pensando que deveria ter posto os dois em outro ponto do laboratório em vez de ter invadido o "território" de Alex. Mas já era tarde e talvez até muito perigoso para tentar outra vez. Após o incidente, Alex colocou-se no centro da mesa, no centro dos seus domínios, alisando as asas com o bico e lançando um olhar de satisfação. Tivemos de nos virar sem o cuidado paterno de Alex a proteger Griffin debaixo da asa.

O sentimento territorial é natural entre os cinzentos, sobretudo entre os pássaros dominantes, inquestionavelmente Alex era um deles. Um exemplo disso é que nem Kyo nem Alo foram bem-vindos na mesa de Alex e, quando tentamos colocá-los ali, tivemos de arrancá-los antes que se engalfinhassem com os bicos. Outro que se tornou malquisto foi um brinquedo parecido com um cinzento. Na metade dos anos 1990, eclodiu uma febre passageira por brinquedos que repetiam as últimas palavras ou os sons que as crianças faziam. Uma aluna graduada levou uma versão desses brinquedos para o laboratório, um papagaio de pelúcia. Colocou-o sobre a mesa de Alex, que adotou exatamente a mesma postura que tivera com o pobre

Griffin. Aproximou-se lentamente com a cabeça inclinada para frente e o bico armado, produzindo aquele som característico de grasnido. Claro que o brinquedo grasnou de volta. Isso deixou Alex ainda mais enfurecido, pronto para rasgar o bichinho de pelúcia em pedaços. O brinquedo foi retirado por segurança e nunca mais pôs o bico no laboratório.

Nem todos os brinquedos provocavam a mesma agressividade. Alguns provocavam reações atávicas enquanto outros não. Depois de uma apresentação de Alex na emissora de TV local, alguém lhe mandou de presente um papagaio de brinquedo que soava música quando se apertava um botão. Nós o deixamos suspenso sobre um dos lados da mesa de Alex, que o ignorou por completo.

Após mais ou menos uma semana, de repente ele olhou atentamente para aquele papagaio dependurado, aproximou-se e disse: "Coça." Inclinou a cabeça na direção do brinquedo tal como fazia com os alunos quando o coçavam no pescoço. Como não acontecia o que esperava, olhou para o brinquedo alguns segundos e disse em seguida: "Você bobo", retirando-se com um ar de ofendido. Vez por outra, quando Alex agia como um tolo, os alunos diziam: "Você bobo." Aparentemente, aprendera a usar a expressão sem que ninguém o treinasse.

Bernd Heinrich é um professor de zoologia na Universidade de Vermont que agora está aposentado. Corvos e gralhas são umas de suas paixões. Heinrich e eu compartilhamos a mesma

Alex e Amigos

curiosidade pela inteligência das aves. Ali pelo final de 1990 ele resolveu testar a difundida crença de que os corvos são especialmente inteligentes. Amarrou um naco de carne na extremidade de um barbante com aproximadamente setenta centímetros de comprimento. Amarrou a outra extremidade no galho horizontal de uma árvore no aviário de sua casa, e afastou-se para observar se os corvos seriam capazes de imaginar uma maneira de pegar a carne. (Era uma carne seca e, portanto, não poderiam cortar um pedaço e sair voando.)

Depois de algum tempo um dos corvos pousou no galho próximo do barbante, inclinou-se, pegou o barbante com o bico, içou um pouco e apoiou a laçada resultante entre uma de suas garras e o galho. O pássaro fez isso umas seis vezes até trazer a carne para cima. Para Heinrich foi como se o pássaro tivesse avaliado a situação, elaborado um plano para recuperar a carne e o colocado em ação. Sem tentativa e erro, sem praticar, direto. Além disso, o corvo não levantou voo carregando o prêmio nem mesmo quando Heinrich o enxotou. Aparentemente, compreendia que a refeição estava seguramente amarrada.

Isso me pareceu um exercício elegante e devo confessar que senti uma certa vontade de competir: se os corvos do Heinrich eram inteligentes o bastante para tal façanha, o que dizer então dos meus papagaios? Pouco tempo depois da publicação do artigo de Heinrich em 1995, realizei um desafio similar no laboratório. Levando em conta o gosto do cinzento, substituí a carne por um sino. Coloquei Kyo no poleiro; ele olhou para baixo, para o sino dependurado e, com o bico e a garra, fez exatamente o que o corvo tinha feito, içando gradualmente o sino. Um ponto para os cinzentos.

Depois, foi a vez de Alex. Com ele usei uma noz, coisa que preferia a qualquer brinquedo. Coloquei-o no poleiro. Olhou para baixo, para a noz, e olhou-me. Não fez absolutamente nada. Isso me fez perguntar o que se passava na cabeça dele. Alguns segundos depois ele disse: "Pega noz."

Levei um susto e retruquei: "Não, Alex, *você* pega a noz."

Ele me encarou e disse: "Pega noz!", dessa vez de modo mais contundente.

Tentei encorajá-lo seguidas vezes e ele simplesmente se recusava. Com um único pássaro tendo realizado a tarefa e com a recusa de Alex, desistimos de publicar os resultados e só muitos anos mais tarde, quando Griffin repetiu o gesto de Alex e um outro pássaro que ainda não falava de forma eficiente repetiu o gesto de Kyo, é que me dei conta do que tinha acontecido.

Depois que aprendeu a identificar e marcar objetos e solicitar coisas, Alex passou a saborear o controle que isso o fazia ter sobre o ambiente, a capacidade de manipular as pessoas ao seu redor. A personalidade mandona de chefão do laboratório surgira em Alex durante os nossos anos na Northwestern. Quando fomos para Tucson, essa personalidade atingiu o apogeu. Os alunos costumavam brincar dizendo que eram "escravos do Alex" porque ele sempre os queria por perto para atender suas demandas. Não tinha dó dos novos alunos.

Alex e Amigos

Fazia uso de todo o seu repertório de marcas e pedidos com eles: "Quero milho... quero noz... quero ombro... quero o ginásio", e por aí afora. Era o ritual de Alex para os recém-chegados. Os pobres alunos tinham de correr esbaforidos na tentativa de atender os pedidos caso contrário não conseguiriam trabalhar com Alex.

Compreendi então que a "falha" de Alex no teste do içamento de barbante não era uma nota vermelha para a inteligência dele. Era, sim, a medida do senso que fazia de sua importância, a expectativa de ser atendido em seu pedido. Se eu tinha feito algo idiota em prender uma noz na ponta de um barbante, em vez de entregá-la diretamente a ele, então eu é que teria que dá-la quando ele pedisse. Caso contrário, nada de jogo. E por que Kyo fez o que Alex recusou-se a fazer? Provavelmente porque naquele momento do experimento tivesse pouco comando das marcas e demandas e, portanto, ainda não habituado a controlar as pessoas. Ativara a inteligência nata de cinzento para obter o que queria. Alex, pelo contrário, valera-se de sua importância.

Os dias eram preenchidos com sessões de treinamento e testes esporádicos às aves frequentemente animados pelos alunos, os quais recebiam ordens quando se tratava de Alex. Às cinco horas da tarde os alunos se retiravam e restávamos apenas os pássaros e eu. Kyo era o menos sociável e preferia ir para sua gaiola. E eu jantava, tendo Alex e Griffin como companhias. Na verdade, jantávamos juntos porque eles insistiam em participar da minha refeição. Adoravam vagens e brócolis. Minha função era assegurar que os dois recebessem partes iguais porque senão haveria briga. "Vagem verde", gritava Alex quando achava que Griffin ganhara a maior porção. O mesmo acontecia com Griffin.

Com o estreitamento da relação entre eles, passaram a criar um dueto cômico: "Verde", dizia Alex.

"Vagem", replicava Griffin.

"Verde."

"Vagem."

"Verde."

"Vagem." Seguiam essa alternância, deliciando-se mais e mais.

Depois do jantar eu os levava para a minha sala e os colocava em seus respectivos poleiros para que pudessem me ver respondendo e enviando e-mails e trabalhando no computador. Constantemente pediam guloseimas como nozes, milho e macarrão. O poleiro de Alex sempre tinha de ficar um pouco mais alto que o de Griffin porque ele era o pássaro *sênior*. Onde quer que fôssemos, Alex teria de estar literalmente no topo. Talvez pela atenção que foi dada a Griffin quando ainda era filhote, Alex nunca deixou de sentir ciúmes dele. Se por alguma razão eu entrasse no laboratório e falasse com Griffin antes de falar com Alex, poderia esquecer dos meus planos de trabalhar com Alex. Ficava emburrado o dia inteiro.

Nosso plano de fazer Alex atuar como tutor de Griffin só deu certo em parte. Mas o aprendizado de Griffin sempre foi

Alex e Amigos

melhor na presença de dois treinadores humanos do que com um deles e Alex. Não sabemos exatamente por quê. Há várias possibilidades. Uma delas é que Alex tratava o pobre Griffin como se este fosse um chato, e talvez isso deixasse Griffin intimidado. E na ocasião Alex se recusava a questionar Griffin e isso nos impedia de trocar os papéis de modelo/rival e treinador, uma troca que era parte crucial do procedimento. Ou talvez Griffin imaginasse que as trocas entre Alex e os alunos eram duelos especiais que lhe eram interditos; quando livres na natureza, os cinzentos estabelecem tais duelos com seus parceiros.

Além disso, Alex praticamente nunca deixava de se exibir. Às vezes, quando Griffin hesitava, ele dava a resposta certa. Ou então dizia para Griffin: "Fale claramente", expressão que significava que Griffin devia falar com mais clareza. De vez em quando Alex dava respostas erradas, aparentemente apenas para confundir o outro. Griffin era tão bonzinho que nunca se incomodava com as gabolices e o autoritarismo de Alex.

Alex vivia feliz no laboratório tal como os outros pássaros. E por que não? Eles recebiam mais atenção do que a maioria das aves de estimação. Mas de vez em quando eu levava Alex para minha casa para lhe oferecer uma paisagem extra. Ele adorava ficar na janela e observar as árvores e tomar sol. Não era muito fácil tê-lo dentro de casa porque ele queria que eu estivesse sempre ao seu lado. Odiava ser posto na gaiola durante o dia quando eu precisava, por exemplo, dar uma saída.

Mas na maior parte do tempo eu ficava em casa e ele se sentia livre para se pôr ao meu lado e desfrutar uma profunda alegria.

Tudo mudou em certo dia de 1998. Acabara de trazê-lo para dentro de casa e já o tinha colocado no poleiro quando de repente ele começou a ficar bastante agitado, gritando e dizendo: "Quero voltar... quero voltar!"

Corri para perto e perguntei: "O que há de errado, Alex? O que há de errado?"

Olhei pela janela e logo notei o que o deixara alarmado. Um casal de corujas estava construindo um ninho no telhado da varanda. Aparentemente, era o que aterrorizara o pobre Alex, ainda que nunca tivesse visto uma coruja na vida. Tentei acalmá-lo, mas sem sucesso. Puxei as cortinas para que ele não visse as corujas. Mais uma vez não deu certo.

"Quero voltar... quero voltar!"

Isso era uma grande demonstração da ideia de permanência do objeto. Embora não estivesse vendo as corujas, Alex sabia que ainda estavam lá. E continuava apavorado, mesmo com elas fora da casa e ele em segurança dentro da casa.

Com relutância e tristeza o coloquei na gaiola e retornamos de carro para o laboratório naquela mesma tarde. Eu sabia que ele não voltaria mais e que aquela seria a última vez que nós estaríamos juntos na minha casa. E com isso me dei conta de que apesar de Alex ter vivido sempre em companhia dos humanos, apesar de ter vivido todos aqueles anos comigo, apesar de sempre o ter visto como o meu Alex, havia alguma coisa

Alex e Amigos

nele, e sempre haverá, alguma coisa fora do alcance de qualquer outra pessoa e até mesmo de mim. Quando a imagem das corujinhas penetrou no cérebro de Alex, um cérebro que até então vivia na inocência, isso trouxe uma mensagem urgente e instintiva: *predador, perigo, esconda-se!* Uma reação tipicamente atávica, algo impresso em seu DNA.

E não pude acalmá-lo.

Capítulo 7

Alex High-tech

Meus alunos e eu passávamos horas a fio com Alex, fazendo-o aprender a produzir e a compreender marcas (sons identificadores) para objetos e conceitos. Suas realizações eram impressionantes. Mas quase sempre as marcas e as frases que Alex pegava ao acaso é que eram especialmente memoráveis. Como certa vez em que me disse para ficar "calminha".

À medida que os anos 1990 terminavam o meu ambiente de trabalho tornava-se cada vez mais estressante. Apesar de ter garantido a estabilidade pouco depois da mudança para Tucson, continuava como professora assistente. Em 1996, entrei com um pedido de promoção que foi negado. Embora a rejeição não tenha sido explícita, certamente a minha situação peculiar — uma química no departamento de biologia — não me ajudava muito. Ficava explícita a crescente pressão que me faziam para que lecionasse biologia introdutória. O que era completamente inadequado para alguém com a minha formação. Eu achava que os meus cursos — como, por exemplo, comunicação animal/humano — eram contribuições valiosas para o departamento de uma importante universidade. Contudo, eram descartados como "cursos decorativos", não pertinentes para produzir anualmente um número consistente de graduados.

Com as aparições de Alex em diversos canais de TV e em matérias impressas, minha exposição pública tornou-se um outro motivo de ressentimento. A inveja é corrosiva. Quando em 1997 — o ano que se seguiu à minha não promoção — saiu meu ano sabático, agarrei-o com avidez. Ganhara uma bolsa de estudos da fundação Guggenheim para escrever sobre as duas décadas do meu trabalho com Alex, um livro que recebeu o título de *The Alex Studies* e foi publicado pela Harvard University Press. Isso me fez dar pausa no rancor cotidiano. Mas talvez tenha sido o estopim de uma dose a mais de má vontade. Fui solicitada a abandonar a licença para dar aula de biologia introdutória e me recusei novamente.

Como Tolstoi teria dito, cada ambiente infeliz de trabalho é infeliz à sua própria maneira, mas o padrão é sempre o mesmo: algumas pessoas diferentes, mais regras e mais rigidez, uma soma que não pode dar bom resultado. Como não quero aborrecê-los com detalhes, contarei uma história engraçada de Alex. Já tinha retornado do meu ano sabático e saía de uma reunião no início do outono de 1998 mais irritada que de costume. Não consigo lembrar exatamente por quê. De qualquer forma, minha cabeça estava fervendo quando saí de lá e eu

Alex High-tech

amaldiçoava o meu destino pela longa permanência na mesma posição sem nenhuma perspectiva de um novo caminho.

Geralmente quando percorria o corredor até o laboratório o assovio animado de Alex chegava aos meus ouvidos. Ele já conhecia o ruído dos meus passos pelo chão azulejado e era com esse sinal que começava a me saudar. Mas naquela ocasião não ouvi o assovio. Atravessei a porta e entrei estabanada no laboratório.

Alex olhou-me e disse: "Calminha!" Deve ter distinguido alguma coisa estranha nos meus passos que o alertou para o meu estado emocional. Fiquei imóvel quando o ouvi dizer aquilo. Se não estivesse tão aborrecida talvez tivesse dito algo do tipo: "Uau, pessoal, ouviram o que o Alex acabou de falar?" Mas não disse nada. Em vez disso, olhei nos olhos dele e repliquei: "Não me venha dizer para me acalmar!", e me enfiei no escritório.

Cerca de um ano mais tarde essa pequena discussão foi parar no *New York Times*. Uma repórter do jornal escrevera uma matéria sobre mim e Alex, onde dizia: "Às vezes a dra. Pepperberg e Alex engalfinham-se como um velho casal."

Cerca de um mês depois recebi um e-mail inesperado de Michael Bove, diretor do Consumer Electronics Laboratory, um setor do laboratório de mídia do MIT. Nesse e-mail ele me perguntava se eu gostaria de dar uma palestra sobre o meu trabalho com Alex. Concebido em 1980 pelo professor de arquitetura, Nicholas Negroponte, e pelo antigo presidente do MIT, Jerome Wiesner, o laboratório de mídia transformara-se na mais renomada instituição de pesquisa dos Estados Unidos, pelo menos segundo a imprensa popular. Era célebre por apoiar as mais brilhantes engenhocas tecnológicas com o objetivo de "inventar o futuro", como colocou Stewart Brand em 1987, em seu livro sobre o laboratório. Nos meios da tecnologia e da comunicação, este laboratório é definido como "o máximo".

Eu tinha, portanto, algumas informações do laboratório pelo que lera em revistas e jornais, mas não fazia a menor ideia da razão pela qual estavam interessados em uma mulher que conversava com papagaios. De todo modo, aceitei o convite. Pelo menos faria uma visita a minha amada Boston.

O laboratório de mídia está situado em um edifício branco e futurista na Ames Street, em Cambridge, conhecido regionalmente como "Banheiro de Pei", uma referência a I. M. Pei, um arquiteto célebre que o planejou. Cheguei lá no início de dezembro e fui recebida por Mike Bove. Ele ofereceu-se para me mostrar o entorno antes do almoço e foi logo avisando: "O laboratório de mídia é um pouquinho chocante à primeira vista." Estava certo. Você chega no terceiro andar e na saída do elevador dá de cara com um paraíso tecnológico sonhado por qualquer adolescente. O lugar é todo de paredes de vidro e computadores e mais um sem fim de "tralhas" espalhadas por tudo quanto é canto: no chão, nas paredes e dependuradas no teto. Segundo Mike, à noite os corredores são assombrados com coisas malucas como robôs em miniatura e autômatos esquisitos que vagam por ali.

O espírito de liberdade que domina o lugar encoraja a normatização da inovação e da rebeldia. Lá, estar prestes a romper os limites não só é permitido como esperado. Os diferentes setores do terceiro andar eram conhecidos como o Jardim, a Selva e o Lago, o último referindo-se ao pântano primordial de onde todas as criaturas inesperadas poderiam emergir. Nada do que eu tinha lido ou visto chegava perto da liberdade criativa e do pensamento revolucionário que o laboratório exigia. Fiquei literalmente hipnotizada.

Durante o almoço, Mike disse casualmente: "Já pensou na possibilidade de viver um ano aqui?" A pergunta me pegou de surpresa. Era o tipo de pensamento que nunca havia passado pela minha cabeça. Mas na mesma hora me dei conta de que era o que eu mais queria. Acho que lhe disse algo assim: "Ora, quando é que me querem aqui?" E ainda: "Se me quiserem permanentemente também posso providenciar isso." Estava extasiada. Era uma oportunidade de me livrar da rotina que se tornara a minha vida em Tucson. Já me sentia retornando geograficamente para casa, para Boston, e, intelectualmente, atuando da maneira que gostava como cientista. Pelo menos teria diversão durante um ano. Quem poderia saber o que o futuro me reservava?

Só havia um problema. Embora tivessem permitido que os meus papagaios de estudo fossem comigo, eu não achava certo

ALEX & EU

Alex cruzar duas vezes o país no período de um ano e então tomei a dolorosa decisão de deixá-lo sob os habilidosos cuidados dos colegas e alunos do meu laboratório e suportar aquele ano de separação. Quando saí de Tucson no mês de agosto seguinte rumo a Boston, os meus sentimentos estavam misturados. À frente acenava a promessa de um ano excitante, e científico, como nunca sonhara: envolver-me com o que havia de mais revolucionário em termos de tecnologias voltadas para as questões cognitivas em companhia de livres pensadores. O que mais poderia querer além de um trabalho permanente? Bem, é óbvio, Alex. Arranjei um jeito de poder passar uma semana de cada mês em Tucson para manter o laboratório em andamento, dar instruções para os alunos e ficar com Alex e as outras aves. Já tinha feito muitas viagens durante todos aqueles anos e portanto não seria uma novidade me separar de Alex por algum tempo. Mas daquela vez seria uma separação séria. Muito difícil para mim e para Alex.

Uma das minhas primeiras tarefas no MIT seria encontrar um papagaio-cinzento para o novo trabalho que teria a fazer. Eu havia passado os seis últimos meses cogitando o que poderia fazer no laboratório. O convite que eles me fizeram se devia ao interesse que tinham pelos sistemas de aprendizado inteligente. Muitos estudavam os computadores enquanto sistemas de aprendizado e achavam que poderiam usar os meus estudos com papagaios como modelos. Nesse domínio poderíamos aprender mutuamente. Mas eu vislumbrava outras possibilidades. Uma de minhas preocupações mais antigas era encontrar meios de não deixar que os papagaios de estimação se entediassem, o que acontece comumente. Além de serem criaturas extremamente inteligentes, os papagaios são bastante sociáveis. Quando se veem privados de atenção constante e do que fazer, tornam-se irritadiços e às vezes até psicóticos. Podem gritar e arrancar as próprias penas. A maioria das pessoas que têm cinzentos e outras espécies de papagaio como bichos de estimação não se sente nem um pouco feliz ao ver suas aves nesse estado. Deixá-los o dia inteiro sozinhos dentro de uma gaiola é de uma crueldade inominável. Sempre comento a respeito do assunto nos clubes de papagaio.

Considerando os recursos do laboratório de mídia, comecei a me perguntar se não poderia usar a tecnologia para manter os papagaios entretidos e felizes. Precisava de um cinzento adulto o bastante para manipular o equipamento. Um papagaio bebê não se sairia bem. Consegui Wart, um cinzento de um ano de idade, com Kim Gaudette, uma criadora de papagaios de Connecticut. Na verdade o chamamos de Arthur, mas ficou conhecido mesmo como Wart, o nome que o mago Merlin deu para o jovem rei Arthur. O pobre Wart tinha um problema no pé adquirido em um acidente quando ainda filhote. Era capaz de ficar no poleiro e pegar o alimento, mas não com a mesma estabilidade dos outros cinzentos. Não lhe cortamos as asas, como se faz habitualmente, para que ele pudesse se safar caso caísse do poleiro. Isso aconteceu em diversas ocasiões e, quando estava para cair, Wart saía voando pelo Lago e provocava grande preocupação e diversão. Ele também gostava de visitar sua secretária favorita, que sempre o alimentava às escondidas com as proibidas batatas fritas.

A filosofia do laboratório era simples: *aqui há toneladas de recursos tanto físicos como intelectuais, portanto siga em frente e faça algo interessante.* Logo me juntei informalmente a Bruce Blumberg, cujo foco era a forma pela qual os cães tomam decisões e a criação de sistemas de computação capazes de aprender as coisas que os animais aprendem com facilidade. Bruce tinha um cachorro, um sedoso *terrier*, uma coisinha linda que segundo ele era a sua inspiração. Nossos interesses intelectuais coincidiam bastante e, como ele era o "cara do cachorro" e eu, a "moça do pássaro", intitulamo-nos Woofers e Tweeters, o par de alto-falantes, um grave e o outro agudo.

Não demorou muito para que me visse trabalhando em vários projetos com alguns alunos graduados de Bruce, Ben Resner em particular. Um dos projetos era o Serial Tr-Hacking (título inspirado na palavra "hack" [picareta] que no MIT significava brincadeiras práticas baseadas na tecnologia) no qual Wart tinha que identificar instruções sob a forma de imagens simples, e depois realizar com uma alavanca uma combinação de puxão, salto e rotação para liberar sua comida. Um outro projeto era uma babá eletrônica de pássaros elaborada para impedir que o papagaio se esgoele, outro problema bastante comum. Este projeto envolvia uma tela que exibia vídeos e imagens imóveis para o papagaio. O teor das imagens exibidas dependia da intensidade do barulho que o pássaro fazia. Abaixo de um nível desejado, as imagens teriam de ser positivas, tais como fotos do dono do pássaro, de papagaios na natureza, enfim, coisas do gênero. Se os assovios e os gritos excedessem o nível desejado, as imagens teriam de ser negativas como, por exemplo, a de uma ave predadora em seu mergulho sobre a presa ou a de um predador terrestre esgueirando-se para a caça. A ideia era produzir um sistema de som capaz de captar o nível sonoro dos gritos do pássaro e controlar as imagens de modo apropriado.

Cogitávamos ainda algo que chamamos de "ninho inteligente", um dispositivo para rastrear o comportamento dos cinzentos nos seus lugares de origem, na África. Começamos então a trabalhar um dispositivo de rastreamento que teria de ser pequeno e leve o bastante para ser acoplado às costas dos cinzentos de maneira que pudéssemos monitorar os movimentos deles durante o dia.

Além disso, desenvolvíamos um sistema para ser utilizado tanto para enriquecer o vocabulário dos papagaios como para trabalhar com crianças autistas. Imaginamos que se poderia dispor de uma série de "brinquedos" carregados com uma frequência de rádio identificadora. A ação de pegar um brinquedo detonaria a exibição de um vídeo sobre este brinquedo em particular. Por exemplo, se o brinquedo fosse uma chave (papagaios gostam de chaves para se coçar), o vídeo seria então de alguém dizendo algo assim: "Uma chave. Você tem uma chave. Uau! Olhe a chave." Se o brinquedo era deixado de lado, o vídeo imobilizava. De qualquer forma, a ideia era essa. E a chamávamos de Computador Poliglota. O desafio era ter uma variedade de vídeos para que o pássaro, ou a criança, não se entediasse.

Se isso soa um pouco estéril, o fato é que não deixava de ser. O tédio era um problema constante para Wart. Era difícil tornar esses brinquedos interessantes de modo a manter a atenção dele por muito tempo. Se um aluno não graduado entrasse na sala durante a sessão, certamente Wart acharia o recémchegado bem mais interessante do que empurrar ou puxar uma alavanca. Ben costumava dizer que ele e os alunos tentavam passar a perna em Wart enquanto o papagaio se ocupava em tentar passar a perna nos alunos. Os alunos, por sua vez, diziam que era como se Wart estivesse falando: *ora, me deem um problema de verdade. Esse aí é muito fácil para uma ave esperta como eu!*

Na primavera que se seguiu à minha chegada, ocorreu um pequeno simpósio chamado Wired Kingdom, organizado por mim e Bruce. Lá pude ouvir a descrição de todo tipo de modos de uso de itens eletrônicos para o estudo dos animais, tanto na natureza como nos zoológicos. Eu me senti renovada, não só pela oportunidade de interagir com alunos tão brilhantes e motivados, mas também porque amei aquilo. Aparentemente, a diretoria também, porque pouco depois do simpósio solicitaram a minha permanência por mais um ano, fato incomum em se tratando de um professor visitante, posição ocupada por mim. Dessa vez estava determinada a não deixar Alex em Tucson. Ele e Griffin teriam de ir para Boston para ficar comigo e Wart.

Alex High-tech

Wart também estava empolgado. Quando reflito sobre a personalidade dos pássaros, vejo-me sempre diante de um divertido contraste. Alex era como aquela criança que na sala de aula sempre sabe as respostas, saracoteando seguidas vezes com a mão erguida na carteira à espera de ser a escolhida para responder à pergunta do professor. Griffin é como uma criança inteligente que pela timidez tentava ficar invisível para não ser escolhida pelo professor. Wart é o animal festeiro, o adolescente cheio de amigos. E também é muito parecido com os adolescentes fanáticos por tecnologia, o que era perfeito para o papel que cumpria no laboratório. Era bom na manipulação de equipamentos e adorava fazer isso. Era seguro de si e apresentava-se com desenvoltura frente a uma audiência.

Sempre havia audiência no laboratório de mídia. Foi fundado por patrocinadores e corporações que vez por outra apareciam para observar e desfrutar o que estava sendo feito por lá, avaliando assim doações mais altas. Os visitantes também eram presença constante, mas os principais eventos eram as duas semanas dos patrocinadores também conhecidas como "semanas demo", uma na primavera e outra no outono, que eram ocasiões muito promissoras. Durante os preparativos para a semana demo o laboratório entrava em frenética atividade porque os alunos faziam os últimos retoques em seus modelos e praticamente não saíam de lá de dentro. Levava-se bastante a sério a máxima que rolava no laboratório: "demonstrar ou morrer."

Foi uma época especialmente fascinante para quem estava lá. Todos os dias a bolsa de valores batia recordes. A mania de internet encontrava-se em pleno apogeu. O laboratório parecia nadar em dinheiro. Quando fiquei sabendo que a NSF não tinha renovado o meu financiamento, a cúpula do laboratório disse em poucas palavras o seguinte: "Não se preocupe; faça apenas o seu trabalho." Pensei comigo... *Uau! Isso não é Tucson.*

Durante a semana demo os patrocinadores nunca se viam carentes de artefatos prodigiosos, mas um papagaio ao vivo e em cores fazendo uma demonstração era uma atração a mais. Wart atuou maravilhosamente naquele nosso primeiro evento na primavera de 2000. De quinze em quinze minutos um grupo de pessoas entrava no meu laboratório e demonstrávamos nossos projetos. Wart puxava e sacudia alavancas, tal como fora instruído. Ele era tão natural...

No final da semana o pobre pássaro estava exausto. Era o último dia do evento e de repente entrou um outro patrocinador. Wart estava absolutamente imóvel em seu poleiro, tirando uma soneca de olhos fechados. O patrocinador entrou, viu Wart e se deteve para olhar mais de perto. Wart abriu um olho com lerdeza e depois fechou. O corpo todo continuou imóvel. O patrocinador então exclamou: "Oh, um robozinho!" E eu disse: "Não. Ele não é um robô. É um pássaro de verdade. Não se aproxime muito porque o senhor pode ser bicado!"

* * *

Eu estava muito empolgada com a perspectiva de ter Alex e Griffin novamente junto a mim, e ansiosa para apresentá-los ao novo mundo da tecnologia. Mas não foi tão simples levá-los para Boston. Por fim, consegui permissão para levá-los comigo em caixas separadas na cabine do avião, um voo com conexão em Dallas. Os pobrezinhos estavam em péssimo estado quando os tirei das caixas em Boston, cerca de doze horas depois da saída de Tucson. Eles se recusaram a comer tudo o que era oferecido. No avião, de vez em quando os levava até o banheiro e tentava aliciá-los com guloseimas. Mas estavam muito estressados. Alex era o que se mostrava mais abatido, com penas do rabo arrancadas. Os papagaios costumam arrancar as penas quando estão nervosos e os meses de separação tinham sido difíceis para ele. Já vinha notando isso nas minhas visitas periódicas a Tucson. Cada vez que eu voltava, ele lutava com o prazer de me ver novamente e a raiva de me ver distante. Mas agora estávamos juntos.

Pouco depois de Alex e Griffin terem chegado ao laboratório de mídia em setembro de 2000, um produtor do Scientific American Frontiers [Fronteiras da ciência], um programa televisivo dedicado à ciência, solicitou-me a gravação de um segmento para um dos episódios. Já tinha gravado um segmento quando estava em Tucson dez anos antes. Agora o programa estaria voltado para os bichos de estimação e a tecnologia e teria como título "Pet Tech". Alan Alda era o apresentador. Eu ia conhecer Hawkeye Pierce, o personagem de *M.A.S.H*!

Rebecca, minha afilhada postiça, soube da novidade e mal pôde conter a excitação. Ela é fanática por *M.A.S.H* e me implorou para lhe conseguir um autógrafo. Confesso que fiquei nervosa antes do encontro com Alda porque não estava habituada a estar com artistas. Mas ele se revelou um sujeito ótimo, muito divertido e amistoso. Quando mostrei o livro *M.A.S.H*, de Rebecca, e perguntei se podia autografá-lo para minha afilhada, ele ergueu uma sobrancelha tal como fazia na tela. "Com todo prazer", disse. "E qual é o seu... o... nome de sua afilhada?" Falei que era Rebecca. Ele riu e acrescentou em seguida: "Então *é* mesmo para sua afilhada!" Franzi a testa, intrigada com o que queria dizer. "Geralmente as pessoas *alegam* que é para uma afilhada ou um afilhado quando é para elas mesmas, mas morrem de vergonha de admitir isso." Autografou o livro e, em troca, deilhe um exemplar do meu livro *The Alex Studies*.

Foi uma das gravações mais divertidas que já fiz, em parte pelo encanto de Alda e também porque ele estava fascinado por Alex e suas habilidades. O episódio começava com algumas cenas daquele programa anterior, no qual Alex identificava a cor de um objeto, respondia perguntas do tipo "quantos?" e "qual cor é maior?". Depois, um corte e uma nova cena com Alda, Alex e eu no laboratório. "Olá, Alex", ele disse. E voltouse para mim, perguntando: "O Alex aprendeu outras coisas desde aquela época?"

"Sim, ele aprendeu", eu me prontifiquei a demonstrar.

Mostrei duas chaves para Alex e perguntei, "Que brinquedo é esse?" Depois, perguntei "quantos são" e "qual é o diferente?" Alex estava em boa forma e respondeu com rapidez e corretamente, apesar de ter resmungado um pouco na última pergunta.

Em seguida apresentei uma bandeja de plástico com números arábicos em cores diferentes. Na ocasião Alex já tinha aprendido a contar até seis. "Qual é o número verde?", perguntei.

Alex hesitou e disse: "Quero noz."

Retruquei: "Espere um pouco, Alex, depois você ganha uma noz. Qual é o número verde?" Pensei comigo: *ai, meu Deus, será que vai fazer aquilo?*

Ele, no entanto, respondeu rapidamente: "Quatro", a resposta estava correta. E disse novamente: "Quero noz." Dei-lhe uma noz.

Alda estava sentado ao lado, rindo e balançando a cabeça, claramente impressionado com os talentos de Alex. Expliquei a técnica modelo/rival que utilizava para ensinar marcas e conceitos para Alex e sugeri uma demonstração naquela hora. Perguntei então para Alda, com uma colher na mão: "Que brinquedo é esse?" A sessão seguiu em frente com ambos se fazendo perguntas e dando respostas um para o outro.

Depois, Alda voltou-se para Alex e perguntou: "Alex, que brinquedo é esse?"

"Quero noz", disse Alex.

Por fim, emitiu o som da primeira letra da colher e depois algo que soava parecido com a palavra inteira. Não era uma palavra fácil para ele.

"Acho difícil acreditar", disse Alda, "que Alex está mesmo fazendo o que parece que faz." Virou-se então para a câmera e disse que já tinha ido algumas vezes ao laboratório de mídia para filmar projetos interessantes. "Devo dizer que Alex e os outros pássaros parecem deslocados nessa instituição que é conhecida pela alta tecnologia." Explicou que minhas pesquisas voltavam-se para itens que entretinham os papagaios. "Para descobrir por que os papagaios precisam de entretenimento, vamos agora para o Foster Parrots, cerca de uma hora ao sul de Boston."

Foster Parrots é uma instituição de resgate de papagaios administrada por Marc Johnson. Lá tivemos uma conversa sobre os problemas que as pessoas costumam ter com os papagaios de estimação que são obrigados a ficar sozinhos durante o dia, o que eu vinha martelando havia muitos anos "É como colocar uma criança de quatro anos dentro de um cercadinho pela manhã e deixá-la sozinha o dia inteiro", eu disse. "Claro que essa criança estará zangada e chateada quando você chegar em casa. Com os papagaios é a mesma coisa."

"É preciso que se tenha em mente que os cães têm milhares de anos de domesticação", explicou Johnson. "A maioria não tem problema em ficar sozinha em casa. Mas os papagaios não são domesticados. São animais selvagens que retiramos do seu hábitat natural para enfiá-los em pequenos espaços dentro de casa ou trancafiá-los em gaiolas. Não podemos nos esquecer disso. Por isso precisamos de soluções para entretê-los quando não estamos em casa."

Alex High-tech

Depois o programa dava um corte de volta ao laboratório onde Wart fazia uma exibição magistral do equipamento Serial Tr-Hacking. Em seguida eu descrevia aquilo que chamávamos de InterPet Explorer. Ben Resner sugerira a ideia nas primeiras sessões, quando ainda quebrávamos a cabeça na tentativa de achar formas de entretenimento para os papagaios. "Por que não encontrar um meio de fazer com que os papagaios naveguem pelos sites que acharem mais interessantes?" Ele disse mais como uma piada do que como algo sério, mas obviamente o pessoal do laboratório de mídia adorou e logo conseguimos fundos para desenvolvê-lo. Quando finalmente Ben se viu com alguma coisa em mãos, não era propriamente um meio para que Alex e seus amigos navegassem na internet, mas os jornalistas se apaixonaram pela ideia. Os criadores de manchetes se divertiram muito: "Dê um mouse* para essa ave", um exemplo; "Polly quer surfar na rede", outro; "Na internet ninguém sabe se você é um papagaio", outro mais.

Por fim, a ideia foi adaptada para Alex ou para qualquer outro papagaio que por meio de um *joystick* selecionava entre as quatro opções: imagens, música, jogos e vídeos. Dentro de cada opção havia, por sua vez, quatro outras opções. Na opção musical encontravam-se clipes de uma peça clássica, um rock, uma música de jazz e uma outra de country. Wart mostrou-se tão exímio quanto Alex na procura das opções disponíveis. Mas Griffin não se interessou muito. Nossa esperança

---

* Mouse: em inglês significa rato e também o periférico de computador. (*N. da E.*)

era que um papagaio sozinho em casa pudesse passar horas se entretendo com suas atividades prediletas. Um problema prático consistia em gerar o maior número possível de opções. Quantas vezes você conseguiria ouvir os mesmos quinze segundos das *Quatro estações* de Vivaldi antes de querer outra coisa?

Quando gravamos o programa, o protótipo do InterPet Explorer acabara de ficar pronto. Alex pouco o experimentou. Alda então disse: "Alex não demonstrou o menor interesse pela máquina durante as filmagens." O que não era surpresa para mim. Alex estava muito mais interessado em Alda, em mim e em tudo o que estava acontecendo em volta do que naquela pequena e limitada máquina. Decidimos então filmá-lo frente ao computador com a sala vazia. Só então ele prestou atenção no mecanismo, apesar de não ter se interessado pelas figuras. Mas adorou a música. O programa terminou com Alex frente à tela selecionando repetidamente a opção musical, assoviando com entusiasmo enquanto acompanhava as músicas executadas e balançando a cabeça em uma clara demonstração de que estava se divertindo.

Tudo no laboratório de mídia era maior do que o que eu tinha em Tucson, exceto o espaço físico. Eu dividia uma sala com Wart. Ele era como um bichinho de estimação do pessoal do laboratório. Mas não estava sozinho nesse papel porque muitos cães transitavam pela área.

Nosso espaço de trabalho no terceiro andar do Lago media aproximadamente 24 metros quadrados; não era grande. Ben tinha uma escrivaninha ali, assim como Spencer Lynn. Spencer fora um dos meus alunos graduados no laboratório de Tucson, onde era o queridinho de Alex. Claro que eu tinha uma relação especial com Alex, mas em geral ele preferia os homens e principalmente os altos e com cabelos compridos, tal como Spencer. Muitas vezes Alex zanzava pelo laboratório de Tucson à procura de Spencer. Quando Spencer aparecia, Alex subia apressado pelo braço dele, se empoleirava no ombro e fazia a dança de acasalamento dos cinzentos. Spencer era a única pessoa que Alex chamava pelo nome. Ele costumava dizer: "Vem cá, Ser".

Contudo, em 1999 Spencer cometeu um crime crucial contra a estima de Alex ao ir para a África por três meses estudar o comportamento dos cinzentos. Abandonou Alex. Alex nunca o perdoou e nunca mais o teve como o seu queridinho. E agora partilhavam o mesmo espaço no laboratório, junto com Ben, Griffin, Wart, um programador estagiário, muitos computadores, diversos tipos de equipamentos eletrônicos, maçaricos, duas gaiolas e um bando de alunos não graduados cujo trabalho consistia em treinar as aves. Até hoje não entendo como Ben e Spencer conseguiam trabalhar. Sentavam-se em suas escrivaninhas para ler, operar os computadores ou construir algo para um dos projetos para animais de estimação. A poucos passos de distância os alunos não graduados estavam sempre falando coisas como: "Alex, de que cor é o três? Qual é a cor?", ou então: "Griffin, que material é esse?" Eles não paravam de falar em voz alta mesmo quando as aves não respondiam às questões.

O cenário naquele templo de alta tecnologia era bizarro. Por fim, Ben e Spencer valeram-se da baixa tecnologia para salvar a sanidade deles no trabalho: compraram protetores de ouvido do tipo industrial, os mesmos que são usados pelos homens que indicam os terminais para onde os aviões devem se dirigir nas pistas dos aeroportos. Segundo Ben, isso funcionava. Ele dizia que só assim podiam trabalhar, alheios ao barulho ao redor.

Todo dia, por volta das cinco da tarde, Alex dizia: "Quero voltar. Quero voltar", indicando que já era hora de se retirar para os aposentos onde ele e Griffin passavam a noite. Enquanto isso Wart se dirigia para a minha sala a fim de passar a noite. De um outro lugar também soava o "quero voltar", dos lábios de Ben. Segundo ele, isso fazia parte de um jogo no qual tentava ver até onde poderia chegar utilizando o vocabulário de Alex. Não muito tempo depois, ele parou, mas vez por outra se flagrava dizendo "quero voltar", por exemplo, no final de uma festa que tinha ido com a esposa. Muitas vezes os amigos chegavam até a pensar que ele estava louco, assim como pensou certa noite o garçom de um restaurante.

O garçom veio até nossa mesa e perguntou: "Gostariam de saber quais são os nossos pratos especiais?"

Respondemos: "Com todo prazer."

Alex High-tech

*"Temos perca chilena ao pesto, servida com abobrinha e vagem."
Minha mulher olhou-me e fizemos o dueto "verde"/"vagem"
que Alex e Griffin costumavam fazer. O garçom nos lançou um
olhar que parecia dizer: esses dois são loucos ou o quê?*

O sr. A. tinha um jeito de entrar na cabeça das pessoas.

O evento dos patrocinadores no outono de 2000 foi agendado
para algumas semanas depois da filmagem do programa na
televisão. Eu não tinha planejado uma apresentação de Alex
para demonstrar o que estávamos fazendo com os fonemas,
as unidades sonoras que compõem as palavras, mas os patrocinadores pediram para ver. Iniciáramos o projeto em Tucson e o prosseguimos no laboratório de mídia. Estávamos
treinando Alex para conhecer os fonemas, mas não porque
queríamos que conseguisse ler como um humano. Pelo contrário, seria para averiguar se ele entendia que as marcas são
feitas de sons que podem ser combinados de diversas maneiras para formar novas marcas. Sabíamos que às vezes tagarelava quando estava sozinho e que produzia uma fileira de
palavras diferentes, mas de sonorizações semelhantes como
"green, cheen, bean, keen", e assim por diante. Com isso per-
cebíamos que Alex realmente entendia que as palavras são
feitas de subunidades que podem ser empregadas de diferentes maneiras. No entanto, como sempre, precisávamos de
mais provas científicas.

Fizemos uso de letras de plástico do tipo que se gruda nas geladeiras, cada qual com uma cor diferente. Ensináramos para ele a sonoridade de diferentes letras e combinações de letras. E então lhe perguntávamos: "Qual é a cor de *ch*?" e "Qual som é roxo?" Ele tornou-se um craque nas respostas. Não tínhamos muito tempo para fazer a demonstração e os patrocinadores estavam muito interessados em assistir ao desempenho dele. Mostrei uma bandeja com letras.

"Alex, qual é o som do azul?", perguntei.

"Sss", ele respondeu.

Era um *S*, então eu disse: "Muito bem, passarinho."

Ele replicou: "Quero noz."

Como estávamos correndo contra o tempo, não queria desperdiçá-lo com Alex comendo nozes. Disse-lhe para que esperasse e perguntei: "Qual é o som do verde?"

"Ssshh", ele respondeu.

Outra vez estava certo e novamente o elogiei: "Bom papagaio."

E outra vez ele disse: "Quero noz."

"Espere, Alex", falei. "Qual é a cor de 'or'?"

"Laranja [Orange]."

"Muito bem, passarinho!"

"Quero *noz*." Alex mostrava-se nitidamente cada vez mais frustrado. Até que finalmente deu uma olhadela de viés que era sempre um sinal de que vinha encrenca pela frente. Olhou-me nos olhos e disse bem devagar: "Quero noz. Nnn... óó... zzz."

Alex High-tech

Fiquei boquiaberta. Era como se ele estivesse dizendo: *oi, estúpida, será que tenho de soletrar pra você?* O mais importante, no entanto, é que tinha avançado o que estávamos treinando, ou seja, fonemas individuais, e enunciara as partes de uma palavra inteira. Talvez estivesse mesmo nos dizendo... *Sei onde vocês querem chegar com esse trabalho! Vamos logo com isso. Vamos formar palavras inteiras!* Foi um momento surpreendente que me fez pensar em quanto Alex estava além das nossas expectativas.

Passados alguns meses o futuro pareceu ainda mais promissor quando apareceu a possibilidade da minha permanência no laboratório após os dois anos combinados. Segundo o comentário geral, era provável que eu fosse efetivada ou que tivesse um longo contrato como cientista pesquisadora. Foi uma época tensa para mim porque eu tinha de saber com certeza antes do início do outono de 2001, ocasião em que terminaria o meu ano sabático e teria de retornar para Tucson. Em agosto eu já tinha dois caminhões de mudança reservados, um em Boston, caso precisasse voltar para Tucson, e outro em Tucson, caso permanecesse em Boston e tivesse de pegar minhas coisas na outra cidade.

Até que no último minuto recebi a proposta de um contrato de cinco anos, renovável, com todo o apoio financeiro necessário ao meu trabalho. Na verdade, trocaria um emprego fixo por outro temporário. Mas não podia estar mais feliz. Escrevi para Tucson e comuniquei que não regressaria. O meu futuro não poderia ser mais promissor. Teria condições de seguir com as explorações cognitivas que perseguira por tantos anos e poderia continuar com suas aplicações tecnológicas. Não teria mais que me preocupar com financiamento para pesquisa. E ainda por cima Alex e eu estaríamos juntos.

Três meses mais tarde, em meados de dezembro de 2001, circularam informações de que eu seria uma das trinta pessoas que perderiam o emprego no laboratório. Nuvens carregadas rondavam a saúde financeira do laboratório de mídia. Os índices da Nasdaq que tinham atingido o topo no ano anterior começavam a despencar no catastrófico declínio que marcou o término da euforia com a internet. Em seguida aconteceu o 11 de Setembro, exacerbando ainda mais a desgraça econômica. Os patrocinadores do laboratório já não podiam manter os seus preciosos níveis de apoio.

Quando cheguei, dois anos antes, o laboratório estava no ápice de uma exuberância tecnológica e financeira. Imaginei então um futuro ilimitado para minhas pesquisas. E agora me via desempregada e sem lugar para continuar o meu trabalho com Alex e seus companheiros.

Mesmo antes do anúncio de dezembro já tinham surgido problemas quanto a um lugar onde abrigá-los. No dia 1º de setembro transferi Alex e Griffin para a casa de Margo Cantor em Newton, um bairro residencial de Boston. O filho dela tinha sido um dos treinadores de Alex no MIT e gentilmente concordou em tomar conta dos pássaros até que conseguíssemos outras acomodações. Wart, por sua vez, foi morar em Nova York com Maggie Wright, uma amiga minha. Eram estadias temporárias de algumas semanas até que arranjássemos novos alojamentos. Mas eu não fazia a menor ideia de onde encontrar um lugar para abrigá-los em definitivo, nem de quando faria isso, e muito menos de como poderíamos sustentar nossa pesquisa. Ou de como eu poderia me sustentar.

Capítulo 8

O novo horizonte

Alex estava em frangalhos e bastante irritado. Margo Cantor e seu marido, Charlie, não podiam ser mais gentis do que eram ao abrigar Alex e Griffin na casa deles em Newton. Alex gostava realmente de Charlie, e Griffin era muito afeiçoado a Margo. Acontece que Margo e Charlie passavam o dia inteiro fora de casa e deixavam Alex e Griffin presos em gaiolas. Justamente a situação que eu vivia dizendo que os donos de papagaios deviam evitar. Por outro lado, os meus dias eram consumidos no MIT com trabalhos em manuscritos e solicitações de emprego, tentando encontrar um espaço para servir de laboratório e abrigar os pássaros de maneira adequada.

Todo fim de tarde dirigia doze quilômetros de Cambridge até Newton. Tentava animar os pássaros, mas o fato é que o meu humor estava muito pesado. Geralmente Alex empinava o bico para o ar e virava de costas, punindo-me por tê-lo abandonado. Às vezes se recusava a sair da gaiola, o que nunca foi uma de suas características. Ficava com ele e Griffin até a chegada de Margo por volta das seis horas. Depois, voltava ao laboratório para trabalhar por mais algumas horas. Tanto Alex quanto Griffin ficaram muito abatidos durante aquele período. À medida que o tempo previsto de algumas semanas de estadia se estendia para cinco meses, os dois deixavam transparecer o estresse pelo qual passavam arrancando as penas.

Antes mesmo da iminência da minha saída do laboratório, eu já estava em busca de um outro espaço. A sala que as aves dividiam com Ben e Spencer tinha sido requisitada para outros projetos. Foi uma sorte Bob Sekuler — amigo e brilhante físico da Northwestern que agora estava na Brandeis — ter oferecido um espaço na Universidade Brandeis. Era relativamente perto. Consegui uma sala no alojamento de animais do departamento de psicologia. O lugar só precisava de uma boa demão de tinta. E seria meu enquanto pudesse pagar o aluguel.

Com o tempo já estava com um chefe de laboratório e um grupo de alunos ao meu lado e a conta anual da Brandeis subiu para 100 mil dólares. Eu ocupava uma posição adjunta e não-remunerada na Brandeis, de modo que não dispunha de financiamento para pesquisa. Como consequência, quem tinha que pagar as contas era a Alex Foundation. Levantar fundos tornou-se uma pressão constante para mim. Mas pelo menos havia um lugar para continuar o meu trabalho.

Alex e Griffin mudaram-se para Brandeis em meados de janeiro de 2002, e Wart juntou-se a eles pouco depois. A vida fora uma festa para Wart em Nova York. Minha amiga Maggie

O novo horizonte

trabalhava em casa a maior parte do tempo, de modo que ela e duas jovens fêmeas cinzentas lhe faziam companhia. Ele tinha sido "o cara" durante aqueles cinco meses e agora retornava ao seu conhecido posto subalterno.

O novo espaço também era apertado. A sala não media mais que 24 metros quadrados. Com três grandes gaiolas, armários, estantes, uma pequena geladeira, uma pia, grandes poleiros e uma cadeira, o lugar estava entulhado. Acrescente a isso um ou dois alunos e os bancos onde se sentavam durante o treinamento e você terá o quadro completo. Mas felizmente eu tinha Arlene Levin-Rowe como chefe de laboratório desde o outono de 2002. Além de uma organizadora magnífica, Arlene é muito habilidosa com os pássaros e a pessoa mais gentil e tranquila que já conheci. Seria difícil imaginar a vida no laboratório de Brandeis sem a presença dela, colocando tudo em ordem e harmonia.

O lugar apertado afetava os pássaros, principalmente Alex. Em Tucson cada pássaro tinha o seu próprio espaço onde era treinado e avaliado e onde dormia. Compartilhavam a grande área comum do laboratório nas horas de relaxamento. Até mesmo no laboratório de mídia onde a área comum era pequena e apinhada de gente os pássaros tinham os seus próprios dormitórios. Agora dividiam um ambiente no qual se fazia treinamento, avaliação, relaxamento e servia de dormitório. Alex, que nunca deixou de ser o chefão do laboratório, tornou-se mais chefão do que nunca. Não resta dúvida de que era o "poderoso chefão" do campus e fazia com que todos soubessem disso.

Alex sujeitava os novos alunos a muitas requisições — "Quero milho"; "Quero noz"; "Quero ombro", e por aí afora —, tratando de fazer com que os novos companheiros conhecessem realmente o vocabulário dele. Sempre agira assim, mas agora mostrava mais impaciência. Ele também tentava enganar os novos alunos para que lhe dessem uma porção extra de milho durante a tarde, depois de já ter recebido a ração do meio-dia. Seu comando intenso e inflamado tornava-se mais óbvio quando fazíamos o treinamento de Griffin com as marcas e os conceitos. Em Tucson, as oportunidades de intromissão eram relativamente raras e agora eram constantes. Toda vez que Griffin hesitava em responder, Alex marchava até a parte mais alta da gaiola e lá do seu canto gritava a resposta. Vez por outra se intrometia, mesmo quando estava ocupado com sua caixa de papelão no topo da gaiola.

Quando Griffin respondia de forma indistinta, Alex o advertia: "Fale claramente." Se eu perguntava para Griffin, por exemplo: "Qual é a cor?", Alex se intrometia e dizia: "Não, diz a forma." Às vezes ele dava a resposta errada e confundia o já inseguro Griffin. De forma curta e grossa: Alex estava um saco. Por outro lado, Wart se sentia feliz pelo fato de estar em sua gaiola e se divertindo com seus brinquedos.

A hierarquia animal que sempre existira tornava-se cada vez mais definida, com Alex fazendo de tudo para deixar bem evidente a importância que lhe cabia. Ele sempre tinha de ser o papagaio do topo. Literalmente. Existem diversas fotografias minhas e dos três pássaros no novo laboratório que aparentemente

O novo horizonte

retratam uma "família" harmoniosa. Na verdade, como Griffin gostava de se empoleirar no meu ombro, tive de arranjar um poleiro mais proeminente para o Alex bem na frente dos outros pássaros e mais perto do meu rosto, caso contrário não haveria jeito de fazê-lo cooperar. Geralmente Wart ficava na minha mão, abaixo dos outros. Não se sentia nem um pouco incomodado com isso.

Esses primeiros anos na Brandeis foram muito difíceis e não alcançamos grandes feitos, sobretudo porque eu me ocupava com detalhes administrativos e solicitações de emprego. Mas gradativamente entramos na rotina produtiva. Como Alex sempre se intrometia no desempenho de Griffin, resolvemos incluí-lo como treinador de Griffin, o que já tínhamos tentado em Tucson. Ele aceitou a função com entusiasmo. Pela primeira vez se mostrava disposto a questionar Griffin, o que se recusara a fazer em Tucson.

Certamente Alex tentava ser útil. A essa altura estávamos ensinando a marca "sete" para o Griffin. Ele sabia reconhecer quando não conseguia dizer o que queríamos. Suas pupilas diminuíam. Sua linguagem corporal exibia o desconforto que sentia. E às vezes interrompia o treinamento. Alex via a dificuldade de Griffin e dizia seguidas vezes, por exemplo, "sss", "sss", na tentativa de ensinar. Era uma cena muito afetuosa. Nossa expectativa era de que Griffin aprendesse mais rápido tendo um outro cinzento como treinador. Afinal, na natureza, os cinzentos aprendem suas vocalizações com os outros. Griffin ganhava mais rapidez em suas primeiras tentativas quando trabalhava com Alex, mas depois encontrava mais dificuldade no polimento da pronúncia.

Às vezes a cena era tão encantadora que a nós só restava nos pormos de lado para observar os dois papagaios. Alex dizia: "Qual é a cor?", e Griffin respondia: "Azul", ou a resposta que fosse correta. Eventualmente Griffin falava exatamente como Alex — mesmo tom, mesma inflexão, tudo igual —, e isso era ainda mais encantador.

Retomamos o programa de trabalho com uma revisão das tarefas anteriormente aprendidas: cores, formas, comparações maior/menor e assim por diante. Mas depois embarcamos em algo que se tornou uma série memorável de estudos com Alex, associados aos domínios dos algarismos e dos conceitos matemáticos, alguns dos quais iniciáramos e deixáramos de lado em Tucson. Ele estava a ponto de dar um novo significado para a fala de Woody Allen no filme *Annie Hall*: "Tinha de ser inteligente e foi então para Brandeis."

Quando iniciamos no outono de 2003 as novas séries de algarismos, Alex já conhecia a numeração de um a seis. Não os aprendera em ordem crescente. Primeiro aprendeu o número três e o quatro, como "madeira de três cantos" para uma peça trilateral de madeira e "papel de quatro cantos" para uma peça quadrilateral de papel. Mais tarde aprendeu os números dois, cinco, seis e, por último, o um. Agora queríamos saber se ele tinha realmente compreendido as marcas numéricas que em-

O novo horizonte

pregava. Se você segurar quatro objetos e os apresentar para uma criança com menos de três anos de idade e perguntar "quantos são?", ela responderá corretamente "quatro". Se pedir a essa mesma criança que pegue quatro bolinhas de gude de um prato e lhe dê, ela pegará um punhado e lhe entregará. Tal como acontece com as palavras, a vocalização dos números não implica necessariamente compreensão.

O teste de Alex era inteiramente direto. Eu lhe mostrava uma bandeja onde havia, por exemplo, duas chaves verdes, quatro chaves azuis e seis chaves vermelhas, e depois perguntava: "Que cor é quatro?" Nesse caso a resposta correta seria "azul". Ao longo de vários dias Alex respondeu corretamente em oito testes. Fiquei impressionada. Que pássaro inteligente!

De repente, ele se recusou a continuar com os testes durante duas semanas. Olhava para o teto, respondia marcas de cores e objetos que não se encontravam na bandeja ou cismava com uma marca inapropriada e a repetia incessantemente. E se catava. Dava todas as respostas possíveis menos a certa. Pedia água ou um e outro alimento ou simplesmente dizia: "Quero voltar."

Depois, sem nenhuma razão aparente terminou a greve de maneira memorável. Mostrei-lhe uma bandeja com objetos, conjuntos de dois, três e seis blocos de diferentes cores. E perguntei: "Que cor é três?"

Alex respondeu bem objetivamente: "Cinco." Dessa vez alguma coisa mudara na atenção e no tom da resposta, ao contrário da indiferença e desatenção anteriores.

Perguntei de novo. "Que cor é três?"

"Cinco", replicou.

"Não, Alex, que cor é três?" A essa altura eu estava tanto intrigada quanto impaciente. *Por que ele disse "cinco"? Não há conjunto algum de cinco na travessa.*

"Cinco", disse outra vez com firmeza.

Vamos dar uma virada nisso, pensei comigo. Então, disse-lhe: "Tudo bem, sabichão. Que cor é cinco?"

"Nenhum", respondeu sem hesitar.

Fiquei abismada. *O que está querendo dizer?* Anos antes Alex deslocara o termo 'nenhum' do estudo 'igual/diferente' — enquanto apontava a ausência de similaridade ou diferença na forma, na cor ou no material de um par de objetos — para o estudo do tamanho relativo. Apresentávamos dois objetos de diferentes cores e do mesmo tamanho e perguntávamos 'qual cor é maior?' e ele respondia 'nenhum' para significar que eram idênticos. Fazia isso por conta própria, sem treinamento. E agora parecia que estava fazendo uso do 'nenhum' para indicar a ausência de um conjunto de cinco objetos, ou seja, empregando 'nenhum' para indicar 'zero', a inexistência. Para ter certeza de que não tinha sido por acaso, fizemos mais seis testes com travessas nas quais faltavam conjuntos de um, dois, três, quatro etc., e perguntamos 'que cor é um?', 'que cor é dois?', e assim por diante. Ele acertou cinco dos seis testes. Seu único erro foi marcar uma cor que não constava na travessa. Alex realmente parecia dominar o conceito de algo como o zero.

O novo horizonte

Sabe-se lá o que passou pela cabeça dele com aquela primeira série de respostas "cinco". Provavelmente se entediara com os testes, o que explica a greve que fizera. Duas semanas depois foi como se tivesse dito para si mesmo: *está bem, como posso tornar isso mais interessante? Já sei... vou marcar o que não está na travessa.* O tédio é uma emoção poderosa entre as crianças na idade escolar e em meio a muitos adultos. E certamente não é uma exclusividade humana.

O uso que Alex fez do "nenhum" nesse contexto é importante por algumas razões. Uma delas é que zero é um conceito altamente abstrato. A designação zero só entrou na cultura ocidental na década de 1600. Uma outra razão é que no caso o uso do "nenhum" foi uma invenção dele mesmo. Não o tínhamos ensinado. Imaginou sozinho.

Um pouco antes de minha saída da Northwestern para entrar na Tucson eu tinha tido uma conversa com Dan Dennett, um filósofo da Tufts University. Interessado, ele sugeriu: "O que será que Alex diria se você perguntasse 'o que é verde?' e não houvesse nada verde na travessa? Diria 'nenhum'?" Hesitei um pouco em levar a ideia adiante, mas acabei tentando. Mostrei uma travessa de diferentes objetos coloridos para Alex e perguntei: "O que é roxo?" Não havia nada roxo na travessa. Olhou-me e disse: "Quero uva." Uvas são roxas.

Ele está me enganando. Não está fazendo o que quero que faça. Parece estar fazendo algo mais inteligente. Mas como poderei saber quando está sendo esperto e quando está respondendo errado? Isso é mais difícil do que eu pensava. Abandonei a ideia.

No final das contas era Alex que pensava por conta própria. Aquele papagaio com um tiquinho de cérebro parecia ter desenvolvido um conceito que iludira o grande matemático grego, Euclides de Alexandria. O uso do "nenhum" por Alex era tão surpreendente quanto o salto que dera ao unir os fonemas separados "nnn", "óo" e "zzz" para compor uma palavra inteira. Provavelmente até mais. O que faria a seguir?

Em junho de 2004, mês em que completamos o trabalho de compreensão dos algarismos, iniciamos o estudo da adição. Não o tinha planejado. Surgiu do hábito de Alex se intrometer nas sessões de Griffin. Estávamos ensinando o algarismo dois para Griffin e o fiz ouvir dois cliques gerados pelo computador, perguntando em seguida "quantos?". Griffin não respondeu, esgueirou-se e pareceu incomodado. Emiti mais dois cliques. "Quantos, Griffin?" Nenhuma resposta.

Então, do alto de sua gaiola, Alex respondeu: "Quatro."

"Não atrapalha, Alex", retruquei. "Estou perguntando para o Griffin." Achei que aquela resposta saíra por acaso; afinal, eu tinha clicado duas vezes.

Dois cliques mais. Nenhuma resposta de Griffin, que se mostrou ainda mais ansioso.

"Seis", disse Alex.

Seis? Será que ele somou todos os cliques e chegou ao seis?

Alguns anos antes a psicóloga Sally Boysen tinha investigado as habilidades de contagem e adição pelos chimpanzés, mas

O novo horizonte

utilizando objetos concretos, não sons. Decidi fazer a mesma coisa com Alex. Coincidentemente, acabara de receber do Radcliffe Institute uma bolsa de estudos de um ano na Harvard que teria início no outono. Com essa bolsa eu seria colaboradora de alguns colegas da Harvard que estudavam conceitos de algarismo entre as crianças.

Testamos as habilidades matemáticas de Alex, apresentando-lhe uma bandeja na qual havia duas xícaras de plástico emborcadas. Debaixo de uma delas, por exemplo, podia ter duas nozes, e, debaixo da outra, três nozes. Erguíamos a primeira xícara e dizíamos, "olhe, Alex", e depois recolocávamos a xícara no lugar. Fazíamos a mesma coisa com a outra xícara. Em seguida perguntávamos, "quantas nozes ao todo?" A exatidão de Alex na série de testes que se estendeu por seis meses ficou acima de 85%. Ele era realmente capaz de somar. Tal desempenho o colocou no mesmo patamar das crianças pequenas e dos chimpanzés.

E o que aconteceria se não houvesse nada debaixo de ambas as xícaras e perguntássemos "quanto ao todo"? Será que Alex diria "nenhum"? Tentamos isso oito vezes. Nas primeiras quatro vezes não disse nada, limitou-se a me olhar como se estivesse pensando, *ei, você não esqueceu de alguma coisa?* Ele não disse "dois", como poderia ter dito caso tivesse confundido o número de xícaras com o que realmente queríamos. Nas três tentativas seguintes ele disse "um". Na última tentativa não disse nada. Curiosamente, em testes similares os chimpanzés cometeram o mesmo "erro" ao responder "um".

Alex & Eu

O desempenho de Alex indicava que o conceito que tinha de zero não era tão sofisticado quanto o dos humanos. Para ele "nenhum" não era o início de uma fileira de números que seguia até o seis. E quando respondeu "um" era como se soubesse, como ocorreu entre os macacos, que teria de chegar ao número mais baixo possível na fileira de números. (Mais tarde começamos a treiná-lo em "madeira de nenhum canto" para um círculo e ele aprendeu.) Mas por melhor que fosse, não era *tão* bom, situava-se em um ponto entre Euclides e o século XVII.

Mesmo assim era muito bom quando se tratava de algo chamado "equivalência". Novamente aprendeu sozinho. Sem nenhum treinamento.

Alex sabia vocalizar marcas para os algarismos arábicos até seis. (Iniciáramos esse trabalho no final da década de 1990, em Tucson, mas só o retomamos em novembro de 2004.) Era também capaz de marcar a quantidade para coleções de objetos, fossem caminhõezinhos de brinquedo, chaves ou cubos de madeira, e isso, novamente, até seis. Mas até então não tínhamos emparelhado algarismos arábicos com conjuntos de objetos. A questão era a seguinte: ele compreende que a grafia do algarismo seis representa um conjunto de seis? Isto é significado pela equivalência. Nós também não estávamos seguros se Alex sabia que o algarismo seis é maior que o algarismo cinco e que o cinco é maior que o algarismo quatro e assim por diante. Ele não tinha aprendido os algarismos em sequência como as crianças aprendem. Aprender os algarismos na ordem pró-

O novo horizonte

pria implica aumentar a quantidade. Será que conseguiria superar tal desvantagem?

Agora, experimentando um outro tipo de teste, colocaríamos um algarismo cinco — verde e de plástico — próximo a três blocos azuis de madeira e perguntaríamos: "Qual cor é maior?" Materialmente, a coleção de blocos azuis era maior que o algarismo arábico. Se Alex fosse guiado apenas pelo tamanho concreto, diria "azul". Mas não disse. Disse "verde". Com um alto grau de exatidão ele avaliou repetidamente a pergunta de acordo com o algarismo. Em uma outra série de tentativas nós lhe mostramos dois algarismos arábicos de diferentes valores e cores. Perguntamos novamente: "Qual cor é maior?" E outra vez ele respondeu certo. Não o treináramos para isso. Ele mesmo chegou à conclusão de que o algarismo seis representa um conjunto de seis coisas, o algarismo cinco, de cinco coisas e assim sucessivamente. E sabia que seis é maior que cinco e também maior que os algarismos menores da fileira. Os chimpanzés não conseguem fazer isso sem um extenso treinamento.

Tais habilidades de numeração eram realmente sofisticadas porque presume-se que sejam exclusivas do cérebro humano e supostamente possibilitadas pela linguagem humana. Mais uma vez Alex fazia o que se supunha não ser capaz de fazer.

Mike Tomasello é um brilhante primatólogo no Instituto Max Planck de Antropologia Evolucionária, em Leipzig, na Alemanha, além de ser um bom amigo. Sua especialidade é a origem evolucionária de certas funções altamente cognitivas nos humanos, incluindo a linguagem. Geralmente sorrimos pela maneira com que costuma terminar as palestras em alguns encontros científicos. Como a maioria de seus colegas, Mike acredita que todas as evidências científicas apontam para o fato de que essas "altas" funções humanas são exclusivas do cérebro do primata e frisa isso no final das palestras. Mas depois ele sempre ergue as mãos para o alto e diz com um misto de humor e frustração: "Exceto aquele pássaro danado, Alex!"

A mídia se deleitava com as histórias sobre o "nenhum" e a "equivalência", particularmente o conceito de zero. Isto comparado com a última invenção dos europeus de uma marca para o zero o tornava tolo. Achei então que o reconhecimento de equivalência por parte de Alex merecia mais atenção, já que esse reconhecimento demonstrava um grau de abstração e processamento cognitivo que nunca imaginara possível. Estava cada vez mais claro para mim que juntos teríamos um futuro de realizações incríveis que tornariam as décadas anteriores de Alex prosaicas.

No final do verão de 2005 terminou o glorioso ano de liberdade intelectual e segurança financeira que me foi oferecido pela bolsa de Radcliffe. Eu estava descobrindo habilidades cognitivas em Alex que ninguém pensara possíveis e desafiando as mais profundas convicções sobre a origem das habilidades cognitivas humanas. E continuava desempregada. E também sem financiamento. Fui obrigada a apelar para o seguro desemprego. Minha refeição semanal eram 14 tofus e no inverno

O novo horizonte

procurava manter o termostato em 14°C para diminuir os gastos. Foi somente graças às generosas doações para o Alex Foundation que continuei o meu trabalho com Alex.

A mídia retratava Alex como um gênio, e ele era... uma ave genial. Mas além dos feitos intelectuais havia muitos mais aspectos no sr. A. Ele era mandão e obstinado. Era brincalhão, não apenas com os brinquedos, mas intelectualmente quando, por exemplo, respondia errado de maneira deliberada. Era travesso e afetuoso. E passava uma sensação de que embora dependesse de nós, era extremamente seguro de si. Ele nos possuía muito mais do que era possuído por nós. No geral era como Puck, o elfo de *Sonhos de uma noite de verão*.

Sua excursão favorita era o passeio no pequeno saguão próximo ao laboratório. "Ver árvore", ele dizia pelo menos duas ou três vezes por semana. Os alunos acatavam a ordem dele e o levavam até o saguão. Geralmente também carregavam o poleiro. Mas Alex preferia empoleirar-se no encosto de um pequeno sofá perto da janela. Adorava olhar os pássaros na árvore adjacente à janela e os caminhões que circulavam na estrada mais abaixo. Os alunos que transitavam pela escada por baixo da janela não percebiam a atenção extasiada de Alex a esse vaivém e os assovios empolgados que lhes eram lançados. Ele gostava de assoviar fiu-fius para os rapazes que atravessavam o saguão, deixando as moças que cuidavam dele muito embaraçadas.

Contudo, sua atividade favorita no saguão era dançar *California Dreamin*, acompanhado pelos alunos que se rendiam contagiados. Essa tradição começou poucos anos antes quando alguém colocou a versão de Mamas and Papas para tocar no laboratório e Alex começou a balançar vigorosamente a cabeça junto com a música. Depois disso, passou a dançar com a versão dos estudantes, sobretudo depois que Arlene ensinou a letra para cada um deles.

É claro que tínhamos horários no laboratório: hora de refeição e hora de trabalho. Mas Alex tinha suas próprias atividades diárias. Depois de fazer a refeição com cereais cozidos, geralmente se recolhia no topo da gaiola ou dentro de uma caixa de papelão. Com os olhos semiabertos, iniciava um monólogo de palavras e frases: "Bom menino... Vai jantar... Seja bonzinho... Qual é o problema?... Qual é..." Todo dia fazia a mesma coisa por volta das quatro e meia da tarde: "Quero cadeira... Qual cor?... Chuvei-ro." Arlene chamava esses monólogos de "Crônicas de Alex", suas ruminações dos eventos do dia. Às vezes praticava uma marca nova e com isso podíamos ter, por exemplo, uma pista do quão próximo estava do "sete", já que dizia "s... um", depois "s... nenhum", e depois "sete".

Durante a maior parte do dia os pássaros tinham por companhia dois alunos e Arlene. E às vezes também visitas de gente famosa. Uma dessas visitas foi de Margaret Atwood, a romancista. Alguns anos antes um exemplar do seu livro, *Oryx and Crake*, chegou à minha escrivaninha sem nenhuma explicação. Trata-se de uma ficção de Atwood a respeito dos últi-

O novo horizonte

mos dias da humanidade. Eu me dei conta da razão pela qual recebera o romance dela quando li uma passagem na qual Jimmy, um menino, assiste a um vídeo antigo no qual um papagaio-cinzento consegue identificar cores, formas e números e utiliza o termo "rolha noz" para amêndoas. É claro que era Alex. Nos nossos dias na Purdue, Alex tinha dito "rolha" quando lhe mostrei uma amêndoa pela primeira vez. Era razoável porque a casca da amêndoa lembra uma rolha. E a partir daí começamos a usar "rolha noz" para as amêndoas e Alex aprendeu.

Pouco depois de ter recebido o romance de Atwood fui informada de que ela receberia uma medalha de ouro na premiação anual do Radcliffe Institute. Achei que talvez quisesse conhecer o verdadeiro Alex, fiz contato com o agente dela e sugeri uma visita. Encontramo-nos no instituto e levei-a de carro até a Brandeis. Estava elegantemente vestida e era amistosa, porém reservada. Contudo, sabe-se lá por que Alex decidiu não cooperar. Tentei fazê-lo falar outra vez "rolha noz" durante uns vinte minutos. Nada. Quando finalmente resolveu dizer qualquer coisa, disse "amêndoa... amêndoa".

Frustrada e a me desculpar, voltei-me para Griffin que adora amêndoas. Claro que vai falar "rolha noz", pensei comigo, ele sempre faz isso com tanto entusiasmo. Tudo o que disse foi "amêndoa... amêndoa". Algum tempo depois o motorista de Atwood chegou e ela se despediu, agradecendo polidamente pela recepção. Mal atravessara a porta quando Alex e Griffin desandaram a falar "rolha noz... rolha noz... rolha noz".

Tenho minha própria história rolha noz. Certa vez eu fui até a Trader Joe's e perguntei ao vendedor onde estavam as rolhas nozes. O rapaz olhou-me como se eu fosse louca. Levou algum tempo para me dar conta do que estava havendo. "Oh, amêndoas, quero dizer amêndoas", disse embaraçada. "Rolha noz é como o meu filho chama as amêndoas." Virei de costas e saí do alcance dos olhos dele o mais rápido possível. É muito fácil soltar de repente a linguagem do laboratório. Os alunos fazem isso o tempo todo, imitando a cadência levemente britânica da fala de Alex. É uma diversão que escapa ocasionalmente para o mundo de fora.

Já disse no início que Alex preferia os rapazes às moças e expressava essa especial preferência com a dança do acasalamento dos cinzentos. Durante os primeiros meses de 2007 ele tornou-se exacerbadamente sexual com os seus preferidos. Pobre Steve Patriarco. Durante uns seis meses, toda vez que Steve o pegava, Alex subia rápido até o ombro e lá erguia as penas e dançava, equilibrando-se ora em um pé ora no outro e regurgitando a comida. Era totalmente ridículo. Ao longo desse período Alex desinteressou-se visivelmente pelo trabalho.

A conselho do veterinário tiramos a caixa de papelão. Desde os tempos na Tucson, Alex mastigava com entusiasmo a caixa de papelão, criando janelas e portas. Adorava passar algumas horas em sua "casa", relaxando, produzindo monólogos e comentando as atividades no laboratório. A caixa era um substituto do ninho. Segundo o veterinário, poderia exacerbar os

O novo horizonte

hormônios de Alex. E também passamos a alimentá-lo com tofu para acalmá-lo.

Em agosto, ele readquiriu a sua estabilidade e passou a trabalhar novamente sem desempenhar com tanta frequência a dança do acasalamento para o Steve. E lhe devolvemos a caixa. Nessa ocasião um dos alunos fez aniversário e levou um bolo para o laboratório e todos nos fartamos, inclusive os pássaros. "Pão gostoso", disse Alex todo satisfeito. Ele tinha aprendido "gostoso" e "pão" algum tempo antes. Mas "pão gostoso" foi criação exclusivamente dele.

No final de agosto derrubaram a árvore que dava para a janela do saguão. Alex não podia mais ver os pássaros.

Eu já pensava em trabalhar a ilusão de ótica com Alex desde que estivemos no laboratório de mídia. No verão de 2005 associei-me a Patrick Cavanagh, professor de psicologia da Harvard, para colocar a ideia em prática. O cérebro humano nos prega muitas peças e por isso às vezes vemos as coisas como elas não são. Patrick e eu colocamos uma questão simples e profunda: Alex vê o mundo exatamente como o vemos? Ou seja, o cérebro dele experimenta as ilusões de ótica da mesma maneira que o nosso experimenta?

Vislumbrei esse trabalho como o novo horizonte da minha jornada com Alex, muito além da nomeação de objetos ou categorias ou algarismos. Os cérebros dos pássaros e dos humanos entraram em divergência evolucionária há 280 milhões de anos. Isso significa que os cérebros das aves e dos mamíferos possuem diferenças estruturais a ponto de os fazerem operar de maneira diferente?

Até o trabalho de Eric Jarvis e outros, publicado em 2005 e que serviu de marco a essa pergunta, a resposta era sempre um sonoro e convicto *sim*! Olhe o cérebro de um mamífero e se surpreenderá com a multiplicidade de dobras da massa do córtex cerebral. Dizia-se que os pássaros não tinham córtex, razão pela qual a capacidade cognitiva deles seria bastante limitada. Fundamentalmente, esse foi o argumento com o qual me deparei durante as três décadas de trabalho com o Alex. Não se esperava que fosse capaz de nomear objetos e categorias e de entender noções de "maior" e "menor" e de "igual" e "diferente" porque tinha um cérebro de passarinho. Mas o fato é que Alex fez tudo isso. Eu sabia que ele estava provando uma verdade profunda: os cérebros podem parecer diferentes — e talvez haja um espectro de habilidades determinadas por detalhes anatômicos —, mas o cérebro e a inteligência são um traço universalmente partilhado na natureza; a capacidade varia, mas os blocos de construção são os mesmos.

Na virada do milênio o meu argumento começava a ganhar terreno. Não era só o meu trabalho com Alex, mas os de muitos outros. Os animais estavam garantindo o patamar de um grau maior de inteligência que ultrapassava as expectativas. Uma prova disso foi o convite que recebi em 2002 para ocupar uma cadeira no simpósio de um encontro anual da Associação Americana para o Avanço da Ciência, o qual se intitulava

O novo horizonte

"Cognição Avícola: quando é um elogio ser chamado de *cérebro de passarinho*". Na introdução estava escrito: "Este simpósio demonstra que embora muitas espécies de aves não tenham uma estrutura cerebral que dispõe de grande parte da estrutura cortical e da história evolucionária dos humanos e se diferencie tanto destas, igualam-se e por vezes os ultrapassam em relação a diversas tarefas cognitivas." Cinco anos antes um simpósio com essa dimensão seria praticamente inviável. Era o progresso à vista. Três anos antes o trabalho de Jarvis tinha afirmado de maneira efetiva que no final das contas o cérebro dos pássaros e dos mamíferos não é tão diferente. Ainda mais progresso.

Quando em julho de 2006 Patrick e eu submetemos uma proposta de financiamento para a National Science Foundation, nós achávamos que pelo menos em alguns aspectos Alex poderia ser capaz de ver o nosso mundo como o vemos. Não esperamos para saber se o financiamento sairia ou não e iniciamos um trabalho preliminar. Optamos pela tão difundida ilusão como primeiro teste. Talvez você já tenha entrado em contato com ela por meio de livros e artigos populares: duas linhas paralelas de igual comprimento, ambas com setas nas extremidades, uma com setas apontando para fora e outra com setas apontando para dentro. Embora com o mesmo comprimento, aos olhos humanos a linha com setas apontando para dentro parece mais comprida. Isso é a ilusão. Nós tivemos que fazer uma pequena modificação no teste de modo que pudesse ser utilizado pelas habilidades singulares de Alex; variamos a cor das duas linhas e mantivemos as setas negras. Depois, perguntamos: "Qual cor é maior/menor?" Alex selecionou de pronto e seguidamente a linha que você e eu selecionaríamos. Pelo menos neste teste ele via o mundo da mesma maneira que nós. Era um passo muito promissor.

Em junho de 2007, Patrick e eu fomos informados que obteríamos o financiamento e no final de agosto recebemos a notícia de que teria início no dia 1º de setembro, um sábado. Disporíamos de dinheiro por um ano. Na segunda-feira seguinte demos uma festa no sétimo andar do William James Hall da Harvard para celebrar. Sentia-me especialmente feliz e confortada pelo alívio do meu infortúnio financeiro.

Eu estava lecionando durante meio período na escola de extensão da Harvard desde 2006 e começara a dar aulas também no departamento de psicologia no início de 2007. Sobrevivia com um salário extra oferecido pela Alex Foundation, mas para mim isso ainda significava tofu e termostato baixo. O novo financiamento mudaria tudo. Eu me tornaria uma bolsista de pesquisa com mais benefícios e um salário pequeno, embora decente. E 35% dos custos do laboratório seriam cobertos. Eram 35 mil dólares a menos que teria de levantar naquele ano. Não podia estar mais feliz. Ainda não era uma professora efetivada, mas era uma melhoria inestimável.

Alex se mostrava um pouco abatido naquela semana, mas não apresentava nada de anormal. As aves tinham tido uma espécie de infecção no mês anterior, mas estavam completamente recuperadas. Já tinham recebido o atestado de saúde do veterinário. Na tarde do dia 5, uma quarta-feira, Adena Schachner juntou-se a mim e a Alex no laboratório. Ela é uma aluna graduada no departamento de psicologia da Harvard que pesquisa as origens das habilidades musicais. Achamos que seria interessante fazer algum trabalho com Alex. Naquela tarde queríamos ver quais eram as músicas que mais o tocavam. Adena colocou alguns discos dos anos 1980 e Alex se divertiu muito, balançava a cabeça no tempo da batida. Enquanto dançávamos algumas músicas ele se socializava com a gente. A festa foi tão contagiante que nos prometemos que na próxima sessão levaríamos a sério o trabalho com a música.

No dia seguinte, quinta-feira, dia 6, Alex não se mostrou interessado em trabalhar os fonemas com dois alunos durante a sessão da manhã. "Alex não quis cooperar na tarefa. Ele não estava atento", escreveram no diário de trabalho de Alex. No meio da tarde já estava mais engajado e dessa vez com uma simples tarefa de selecionar corretamente uma xícara colorida debaixo da qual havia uma noz. Cheguei às cinco da tarde, como de costume. Arlene já tinha saído. Ela e os alunos tinham removido os tapetes até um dos lados da sala para a limpeza das sextas-feiras que o pessoal da manutenção fazia. Shannon Cabell, uma aluna, estava comigo. Sentamos em frente ao computador, com Alex em seu poleiro entre nós e diante da tela. Eu estava trabalhando em novos testes de ilusão de ótica, tentava obter cores e formas — sem demandas, apenas deixando correr. Alex mostrava-se afetuoso e tagarelava como sempre fazia.

Às seis horas e quarenta e cinco as luzes suplementares apagaram-se, um sinal habitual de que tínhamos poucos minutos para sair. Depois as luzes principais apagaram-se e era hora de colocar os pássaros nas gaiolas: primeiro Wart, depois Alex e, por último, o relutante Griffin.

"Fique bem. Te amo", disse-me Alex.

"Também te amo", repliquei.

"Vem amanhã?"

"Sim", eu disse. "Venho amanhã." Era a nossa despedida costumeira. Como sempre, Griffin e Wart não disseram nada.

Saí e dirigi durante quarenta minutos até a minha casa em Swampscott, no litoral norte. Chequei os e-mails, comi alguma coisa, tomei um copo de vinho e fui para a cama.

Na manhã seguinte acordei por volta de seis e meia, como de costume. Depois de tomar uma ducha e fazer alguns alongamentos fui dar uma volta na praia, o que gostava de fazer todos os dias. Aliás, foi isso que mais pesou para que eu fosse morar naquele lugar. O sol já estava alto, projetando trilhas cintilantes ao longo do mar tranquilo. Era um daqueles dias sensacionais de céu azul cristalino de início de setembro na Nova Inglaterra. Cativantes.

Às oito e meia eu já estava de volta à casa, tomando o meu café da manhã em frente ao computador. Um e-mail me

O novo horizonte

aguardava. "Confirmamos que tivemos sucesso com relação ao pedido de financiamento para o ITALK", dizia a mensagem. "Já é uma de nossas consultoras. Parabéns! Entraremos em contato o mais rápido possível." A mensagem era de um colega na Europa. Fazia parte de um consórcio de pesquisadores que tinham proposto um projeto importante sobre a evolução da linguagem, envolvendo modelos de computadores e robótica. O projeto tinha ficado em primeiro lugar entre 32 propostas concorrentes e seria premiado com seis milhões de euros a partir de 2008. Ainda que não tivesse me tornado um membro ativo da equipe de pesquisa eu voaria para a Europa pelo menos uma vez por ano, para debatermos resultados e ideias.

Essa notícia que chegava da Europa dias depois da aprovação formal do financiamento do NSF era excitante, um verdadeiro bônus. Soquei o ar com os dois punhos e declarei em alto e bom tom: "HURRA! Finalmente as coisas estão mudando de verdade!" Mandei imediatamente uma mensagem de volta para o meu colega, levantei-me e fui pegar uma outra xícara de café na cozinha.

Enquanto saboreava tranquilamente o rico aroma do café por alguns minutos, um pensamento cruzou a minha mente como acontecia de vez em quando, algo que minha amiga Jeannie tinha dito uma vez: se naquele dia de 1977 eu tivesse adquirido um outro cinzento, Alex poderia ter passado a vida inteira no anonimato, desvalorizado e abandonado no quarto de alguém. É claro que isso não tinha acontecido e lá estávamos nós com uma história de surpreendentes feitos, prontos para partirmos juntos para um novo horizonte e novas realizações. E tínhamos os recursos de que precisávamos. Eu também me permiti saborear tudo isso e me vi invadida por uma sensação de felicidade, excitação e segurança que não sentia desde o tempo do laboratório de mídia. *Sim!* Exclamei, retornando ao computador.

Enquanto estava na cozinha chegou um outro e-mail. O assunto era: "Tristeza." Meu sangue gelou enquanto lia a mensagem. "Lamento relatar que nesta manhã um dos papagaios foi encontrado morto no chão da gaiola quando Jose foi limpar a sala... não sei bem qual deles... no canto esquerdo ao fundo da sala." A mensagem era de K.C. Hayes, o veterinário-chefe do alojamento animal da Brandeis.

Fiquei literalmente em pânico. *Não... não... não! O canto esquerdo. É a gaiola do Alex!* Tentei respirar, tentei afastar o terror. *Talvez tenha confundido o lado direito dele com o esquerdo. Talvez seja um engano. Talvez não seja o Alex. Não pode ser o Alex!* Mesmo agarrando-me àquela tênue esperança enquanto pegava o telefone, eu sabia que K.C. não cometeria um engano. Sabia que Alex estava morto. Antes de discar o número, um segundo e-mail de K.C. apareceu na tela. A mensagem era simples. "Temo que seja Alex."

Consegui localizar K.C. praticamente impossibilitada de falar, de tantas lágrimas, de tanta dor. Ele me disse que tinha embrulhado Alex em um pedaço de pano e o colocado no refrigerador do saguão do laboratório. Apressada, vesti um jeans

O novo horizonte

e uma camiseta e saí correndo para o meu carro. Nunca saberei como consegui dirigir naquele estado. Telefonei para Arlene porque não queria que ela entrasse despreparada no laboratório. Estava chegando no estacionamento do laboratório quando atendeu à ligação. "Alex está morto, Alex está morto", eu disse nervosamente. "Mas talvez... talvez tenham se enganado. Talvez não seja o Alex. Por favor, Arlene, vê se o encontra." Mas o que estava dizendo? Eu sabia que K.C. não tinha se enganado. Sabia que Alex estava morto. Mas acabei dizendo aquelas palavras, como se pudessem negar a verdade que já sabia.

Pobre Arlene. Agora ela também chorava histericamente. Por fim, disse que estava indo para o laboratório e que veria o que tinha acontecido. Subiu correndo a ladeira que levava até o prédio e entrou pela porta lateral. Chegou lá dentro pouco depois de Betsy Lindsay, uma amiga nossa, voluntária. Betsy ainda não tinha notado que faltava alguma coisa. Arlene viu imediatamente o que ela também não queria ver: Griffin e Wart em suas gaiolas de portas fechadas. E a porta da gaiola de Alex entreaberta. A gaiola vazia.

Cheguei ao laboratório quase uma hora depois e me abracei com Arlene e, abraçadas, soluçamos durante algum tempo. Ondas e ondas de dor e desespero nos arrebatavam em uma corrente de descrença compartilhada. "O Alex não pode estar morto", dizia Arlene entre lágrimas. "Ele era maior que a vida."

Sabíamos que teríamos de levar Alex para fazer uma autópsia na veterinária, mas nem eu nem ela encontrávamos cora-

ALEX & EU

gem para ir até o refrigerador e tirá-lo de lá. Betsy fez isso por nós e o colocou dentro de uma pequena caixa para transportar animais. Decidimos que entre nós duas era Arlene que estava em melhor condição para dirigir durante quarenta minutos até a veterinária. Já tinha feito isso diversas vezes quando Alex ou algum outro pássaro precisavam de tratamento ou de um simples *check-up*. Mas daquela vez era diferente. Daquela vez Alex não voltaria conosco.

Fomos recebidas por Karen Holmes, uma das veterinárias da clínica, com abraços de carinho e compreensão pelo nosso pesar. Depois, ela nos conduziu até a sala mortuária onde colocamos Alex, ainda enroladinho no pano, imóvel dentro da caixa, junto a nós no sofá. Arlene e eu sentamos de mãos apertadas e choramos sem palavras. Karen perguntou se eu queria ver Alex pela última vez, mas me recusei. Anos antes tinha visto o meu sogro no caixão. Levei muito tempo para apagar a imagem dele naquele caixão, ressequido de toda a vida. Depois disso jurei que nunca mais olharia para a morte e continuei assim determinada até mesmo quando a minha mãe morreu.

Eu queria me lembrar daquele Alex que deixara na gaiola na noite anterior. O Alex travesso e cheio de vida. O Alex que durante tantos anos tinha sido meu amigo e colega de trabalho. O Alex que surpreendera o mundo da ciência por ter feito tantas coisas que se acreditava não ser capaz de fazer. E agora ele estava morto, duas décadas antes do término de sua expectativa de vida. *Como você pôde fazer isso, Alex?*

O novo horizonte

Eu queria me lembrar do Alex cujas últimas palavras para mim foram: "Fique bem. Te amo."

Eu me levantei do sofá, agarrei a maçaneta da porta e sussurrei: "Adeus, meu amiguinho." Virei-me e caminhei em silêncio para fora da clínica.

Capítulo 9

‖‖‖‖‖‖‖‖‖‖‖‖‖‖‖‖‖‖‖

O que Alex me ensinou

Alex nos deixou da mesma forma que um mágico deixa o palco: em meio a um clarão de luz tão intenso que turva os olhos, em meio a uma nuvem de fumaça, e o tecelão de magia se vai e nos deixa deslumbrados com o que vimos e nos perguntando que outros segredos estariam escondidos. A súbita, a inesperada partida de Alex deixou-me pasma com seus feitos e me perguntando sobre o que mais faria se estivesse entre nós. Ele partiu no apogeu dos seus poderes. Para alguns, seus feitos eram como mágica, ou pelo menos de outro mundo. E na verdade ele nos deu um vislumbre de um outro mundo, um mundo que sempre existiu e que insistia em se manter imperceptível aos nossos olhos: o mundo da mente dos animais. Eu quase não tive uma voz quando era criança. Mas a poderosa presença daquela pequena criatura emplumada deu voz para um mundo oculto da natureza. Ele foi um grande professor para mim e para todos nós.

A paciência talvez tenha sido a maior lição que Alex me ensinou. Sou uma pessoa determinada desde os meus tempos de criança. Tudo o que queria fazer eu perseguia com afinco até ver o resultado final. Embarquei no projeto Alex no início dos anos 1970 com a mesma garra e idealismo que sempre tive, ou melhor, tivera. E me pergunto se não teria pensado duas vezes antes de partir para tal aventura se fizesse ideia dos milhares de obstáculos práticos e preconceitos quanto ao cérebro das aves que teria que enfrentar no decorrer dos anos. Mas claro que não fazia ideia e em momento algum desconfiei que alguma coisa seria capaz de me dobrar, de tanto que eu estava convencida da existência de um maravilhoso mundo de cognição animal a ser explorado. Mas, oh, quanta paciência foi necessária para chegarmos ao ponto em que tínhamos chegado quando ele morreu.

Cientificamente falando, a maior lição que Alex me ensinou e que ensinou a todos nós foi a de que a mente dos animais é mais parecida com a mente humana do que a vasta maioria dos cientistas acreditava... ou, ainda mais importante, estava preparada para cogitar. Com isso não estou afirmando que os animais são miniaturas humanas com um algum tipo de baixas forças octanas, se bem que quando Alex zanzava pelo laboratório dando ordens para todo mundo ele parecia um Napoleão emplumado. Na realidade os animais estão longe de ser aqueles autômatos que durante tanto tempo a ciência tradicional acreditou. Alex nos ensinou como sabemos pouco sobre a mente animal e que há muito por descobrir. Uma visão que

O que Alex me ensinou

carrega profundas implicações filosóficas, sociológicas e práticas. Uma visão que afeta a concepção que temos da espécie *Homo sapiens* e do seu lugar na natureza.

Saber como os cientistas chegaram às ideias sobre a mente animal, contrariando o que os leigos chamam de bom senso, é fascinante e instrutivo. Vale a pena explorar o tema porque nos fala de nós mesmos enquanto espécie. Os homens sempre buscaram o sentido do mundo e o lugar que neste ocupam. Os povos caçadores que vivem em estreita harmonia com a natureza e seus ritmos sentem-se intimamente interligados com os outros seres vivos. Eles se veem como uma parte integrante do conjunto da natureza. Isso se expressa, por exemplo, nas mitologias e no folclore dos aborígines australianos e dos nativos americanos. Pode-se dizer o mesmo de todas as populações de *Homo sapiens* no decorrer de seis mil gerações das quais descendemos até um período recente na história humana. Quando as civilizações ocidentais começaram a criar raízes com os gregos, emergiu uma espécie de pensamento muito diferente.

No ano IV a.C. Aristóteles concebeu uma visão do mundo natural que em seus fundamentos ainda persiste entre nós. Ele dispôs todos os seres vivos e coisas inanimadas em uma escala de valor baseada na mente. Os homens encontravam-se no topo, abaixo dos deuses, um lugar conquistado pela força do seu intelecto. Abaixo do mais abaixo, as pequenas criaturas e, por fim, as plantas; no sopé, no mais baixo lugar de todos, estava o conjunto do reino mineral. A tradição judaico-cristã adotou com regozijo as ideias de Aristóteles segundo as quais

ALEX & EU

o homem tinha o domínio de todos os seres vivos e de toda terra. Tal descrição da natureza tornou-se conhecida como A Grande Cadeia do Ser. Além de se diferenciarem de todas as outras criaturas de Deus, os seres humanos também eram distintamente superiores.

Pouco mudou quando Darwin argumentou que éramos o produto da evolução, não da criação de Deus. A Grande Cadeia do Ser, uma ordenação estática da vida, se metamorfoseara no mero processo dinâmico da evolução progressiva. No transcorrer do tempo evolucionário as formas simples resultaram em formas mais complexas até chegar ao homem como pináculo e último limite. (Darwin não colocou dessa maneira, mas o antropomorfismo dos seus seguidores interpretou sem problema a sua teoria dessa maneira.) Todos os demais seres vivos serviam ao propósito da exploração humana. Continuávamos sendo diferentes e superiores a todo o resto da natureza, apesar da ligação implícita com a natureza de nossa herança evolucionária. Enfim, a maioria dos cientistas acreditou nisso até pouco tempo atrás. Vaidade, vosso nome é *Homo sapiens*.

Reconhecer que o *Homo sapiens* está ligado ao resto da natureza por meio da evolução feria o psiquismo humano. A crença de que o nosso intelecto e, particularmente, a linguagem falada reinavam absolutos na natureza trazia um pouco de dignidade ao nosso orgulho ferido. E nos mantinha acima das baixas criaturas. Como em 1872 disse Thomas Henry Huxley, defensor de Darwin, em seu livro, *Man's Place in Nature* [O lugar do homem na natureza]: "Ninguém está mais con-

O *que Alex me ensinou*

vencido do que eu do grande abismo entre (...) o homem e as feras, pois só ele possui o maravilhoso dote da fala racional e inteligível [e] (...) e se mantém acima, como se no topo de uma montanha, muito acima dos seus humildes parceiros."

Tal arrogância pouco mudou no decorrer de um século. Em seu discurso anual de 1973 para a American Philosophical Association, Norman Malcolm disse a mesma coisa: "A relação entre pensamento e linguagem deve ser (...) tão íntima que é realmente uma insensatez conjeturar que as pessoas podem *não ter* pensamentos, e mais insensato ainda é conjeturar que os animais *podem ter* pensamentos." Malcolm fez essa afirmação um ano antes de minha decisão de partir para o que se transformaria no projeto Alex — e *depois* do casal Gardner ter publicado o seu primeiro trabalho sobre Washoe. Mas a equação era simples e, para muitos, conclusiva: a linguagem é necessária ao pensamento; animais não têm linguagem, logo animais não pensam. Isso também foi o evangelho dos behavioristas, um movimento que iniciou na década de 1920 e que ainda era hegemônico quando comecei a trabalhar com Alex. Para os behavioristas os animais são autômatos que respondem a estímulos sem pensar, o mesmo posicionamento de René Descartes três séculos e meio antes.

Não é de espantar então que a atmosfera estivesse exaltada na conferência Clever Hans da qual comentei: as pessoas que trabalhavam com macacos e golfinhos desafiavam as difundidas noções da suposta supremacia humana. Assuntos metodologicamente genuínos sobre o trabalho com a linguagem dos macacos precisavam ser ventilados. Mas o rumo subjacente à conferência era o desejo de proteger a suposição da supremacia humana. Tal suposição nunca fora realmente testada.

Na década de 1980, porém, a fortaleza que protegia a supremacia humana se viu atacada e começou a desmoronar. Pensávamos que o uso de utensílios era exclusivo dos seres humanos, e a coisa não era bem assim, como Jane Goodall descobriu nos seus chimpanzés que utilizavam varas e folhas como instrumentos. Tudo bem, só os humanos *fazem* instrumentos; não novamente, conforme descobriu Goodall e também outros mais tarde. Só os humanos possuem linguagem; sim, mas foram descobertos elementos de linguagem em mamíferos não-humanos. Cada vez mais os animais não-humanos eram flagrados fazendo coisas supostamente exclusivas dos humanos e os defensores da doutrina "só os humanos" mudavam a trave do gol de lugar.

Com o tempo esses defensores admitiram que as raízes evolucionárias de certas habilidades cognitivas do ser humano também podiam ser encontradas em animais não-humanos, mas só nos mamíferos de grandes cérebros, particularmente os macacos. Fazendo as coisas que fez, Alex nos ensinou que isso também não é verdadeiro. Uma criatura não-mamífera e não-primata com o cérebro do tamanho de uma noz podia aprender elementos de comunicação pelo menos tão bem quanto os chimpanzés. Esse novo canal de comunicação abriu uma janela para a mente de Alex, revelando a mim e a todos nós a sofis-

O que Alex me ensinou

ticada informação de processamento — pensamento — que descrevi nos capítulos anteriores.

Por consequência, existe um vasto mundo de cognição lá fora, não só nos papagaios-cinzentos africanos, mas também em outras criaturas. É um mundo totalmente intocado pela ciência. Obviamente, os animais sabem mais do que pensamos e pensam mais do que sabemos. Isso foi em essência o que Alex (e uma crescente variedade de projetos de pesquisa) nos ensinou. Ele nos ensinou que a nossa vaidade é o que nos impede de olhar para a verdadeira natureza da mente animal e humana, e que é muito melhor aprender a respeito da mente dos animais do que acatar a doutrina estabelecida. Não é de espantar que eu e Alex tivéssemos de enfrentar tantos ataques!

Assim como também tivemos de enfrentar as regras que mudavam sem aviso prévio. Aves não podem aprender a marcar objetos, eles diziam. Alex aprendeu. Está bem, aves não conseguem aprender a generalizar. Alex aprendeu. Está bem, mas não conseguem aprender conceitos. Alex aprendeu. Bem, certamente não conseguem entender a disputa entre "igual" e "diferente". Alex entendeu. E assim sucessivamente. Alex estava ensinando a esses céticos até onde vai a mente dos animais, mas eles eram alunos lerdos e relutantes.

A ciência tem de ser rigorosa em sua metodologia. Entendo isso. Por isso mesmo trabalhei tão arduamente durante anos. Por isso mesmo insistia em testar Alex seguidas vezes até que pudésse-

ALEX & EU

mos afirmar com segurança estatística que ele realmente tinha essa ou aquela habilidade cognitiva. Pobre pássaro. Não é de espantar que às vezes se sentisse entediado e se recusasse a cooperar, ou tentasse me confundir de maneira criativa. Não é de espantar que de tempos em tempos Alex me fizesse ir para além da tarefa do momento. Quando ele "soletrou" irritado "nnn... óó... zzz" porque não tinha recebido uma noz, ele ultrapassou a fronteira de tudo o que já lhe perguntara. Quando me levou a fazer uma pergunta e respondeu "nenhum", estava aplicando o conceito em um novo contexto.

E o que essas e outras coisas que Alex fez me ensinaram? Ensinaram que ele tinha um grau de consciência que nem mesmo os behavioristas radicais poderiam negar. Será que posso provar isso tal como provei que Alex era capaz de marcar objetos e aprender conceitos? Não, não posso. Embora a linguagem já não seja amplamente tida como requisito para o pensamento — um exemplo é que frequentemente penso de forma visual, como muita gente pensa e animais não-humanos também podem pensar —, é necessária para *provar* que outro indivíduo é consciente. A linguagem nos permite explorar o funcionamento da mente de outro indivíduo como nenhum outro instrumento permite. Se eu tivesse perguntado para Alex "Por que você mastigou o projeto de financiamento quando estávamos na Purdue?", ou "O que estava pensando quando mastigou os slides que deixei sobre minha mesa lá na Northwestern?", e ele tivesse respondido. "Ora, eu só estava me divertindo", ou "Eu sabia que você ficaria irritadíssima com aquilo", então eu teria vislumbra-

O que Alex me ensinou

do a consciência dele. Mas Alex não usava a linguagem da maneira que eu e você usamos. Sendo assim, não posso provar que ele tinha um grau de consciência. Mas a forma com que se comportava era certamente sugestiva.

Alex me ensinou a acreditar que seu pequeno cérebro de pássaro era de alguma maneira consciente, ou seja, capaz de intencionalidade. Extrapolando, posso dizer que Alex me ensinou que o mundo em que vivemos é povoado de criaturas pensantes e conscientes. Não humanamente pensantes. Não humanamente conscientes. Mas nem por isso são autômatos sem mente que vagam como zumbis.

Algumas pessoas se valem dessa nova compreensão da mente animal como um argumento para tratar os animais como se tivessem os mesmos direitos que nos reservamos. Isso é tão errado quanto o evangelho restritivo dos behavioristas. Papagaios e outros bichos de estimação não são miniaturas humanas. Eles têm suas próprias identidades. Devem ser tratados com carinho e gentileza? Claro que sim. Enquanto animal inteligente que vive em bando o papagaio-cinzento carece de muita companhia, e seria extremamente cruel adotá-lo como bicho de estimação apenas para deixá-lo sozinho o dia inteiro. Mas isso não significa que cinzentos ou outros animais têm uma ampla lista de direitos políticos.

A lição mais profunda que Alex nos ensinou diz respeito ao *Homo sapiens* e seu lugar na natureza. A revolução na cognição animal da qual Alex foi uma parte importante nos ensina que os humanos não são únicos, como acreditamos por tanto tempo. Não somos superiores aos outros seres inseridos na natureza. Já não é mais possível pensar o homem afastado do resto da natureza. Alex nos ensinou que somos parte da natureza e não seres apartados da natureza. A noção de "separação" foi uma ilusão perigosa que nos deu um salvo-conduto para explorar impunemente todos os aspectos do mundo natural — animal, vegetal e mineral. E agora estamos enfrentando as consequências: pobreza, fome e mudança climática são alguns poucos exemplos.

Meus amigos ecologistas são muito mais conscientes que a maioria dos cientistas da interligação dos seres vivos com o mundo e sua dependência ao reino vegetal e mineral. Mas até mesmo essa consciência é relativamente nova na apreciação da complexidade comunitária entre o animal e o vegetal, no sentido lógico, regional e global. Durante grande parte do século XX as ciências, incluindo a biologia, agiram obcecadamente com seu reducionismo: uma visão de mundo em que todos os níveis — do menor ao maior — não passam de mera máquina feita de partes. Pegue a máquina e separe-a em peças, examine-as individualmente e entenderá como o mundo funciona.

O reducionismo obteve muitas vitórias no entendimento da natureza das partes e em como algumas dessas partes se encaixam. Isso nos possibilitou, por exemplo, a invenção de computadores e a descoberta de poderosos remédios. Contudo, alguns cientistas admitem que de alguma forma o reducionis-

O que Alex me ensinou

mo fracassa em seu objetivo final: compreender o funcionamento do mundo. O fracasso se dá porque essa concepção não reconhece a ligadura, a unidade que é o fundamento profundo da natureza em todos os seus reinos. Isso não no sentido da busca do físico pela última e fundamental partícula ou a teoria do tudo. Há uma unidade na natureza no sentido da *interdependência*.

Os meus amigos cientificamente literatos e não cientistas apreendem essa ideia de maneira instantânea e intuitiva. É uma ideia que "cai bem", se você prefere. Deb Rivel, amiga e membro da The Alex Foundation, coloca assim: "Alex me ensinou o significado do todo. O que aprendi com ele também sustentou o que sempre pensei ser verdade: que há uma só Criação, uma só Natureza, uma só Ideia, boa, plena, completa, feita de indivíduos de todas as formas, e todos expressam sua unidade com Deus. Não somos diferentes porque parecemos diferentes, mas porque cada qual reflete a eterna beleza e inteligência da Criação de maneira peculiar. É isso que faz o todo — essa tessitura de pensamento e existência — e conhecer Alex evidenciou para mim como somos realmente."

Deb expressa maravilhosamente o que as pessoas que creem em Deus afirmam que aprenderam com Alex. Eu, pessoalmente, não me interesso muito pela religião institucionalizada. Mas acredito firmemente na unidade e beleza do mundo que Alex ensinou para Deb e para mim. Minha filosofia de vida se baseia na apreciação da natureza holística do mundo, sementes que foram plantadas na minha infância por Sem-Nome e o amor pela natureza para onde aquele pássaro me guiou. Por isso mesmo, minha "religião" aproxima-se muito mais da tradição nativo-americana de ser e pertencer à natureza, da igualdade e responsabilidade pela natureza. Quem sabe que outras coisas maravilhosas nós teríamos visto pela nossa janela a respeito da mente de Alex se ele não tivesse partido? De qualquer forma, ele me deixou esse grande presente que um dia conheci e abracei e que depois perdi: a unidade da natureza e nossa parte nela.

Alex não continuou aqui e sua morte me ensinou a verdadeira profundidade de nossa compartilhada conexão. A dor e o pesar que vivenciei com sua morte me ensinaram isso. É claro que sempre amei aquele rapazinho como alguém que você ama quando trabalha tão intimamente dia após dia durante três décadas. Ele dependia completamente de mim e dos meus alunos para suas necessidades materiais, mas sempre teve um ar de independência, uma independência insolente. E mantive minha verdadeira ligação com ele em xeque, de tal forma que acabou invisível até para mim. Mas agora, não mais.

Cuidei de Alex como qualquer dono zeloso de um cinzento cuidaria, mas ele tinha um espírito tão livre que nunca senti que o *possuía*. Tal sentimento se expressa melhor em um dos meus filmes favoritos, *Entre dois amores*. Com base no livro de memórias de Isak Dinesen e cuja trama é uma história tensa de amor entre a baronesa dinamarquesa Karen Blixen (nome verdadeiro de Dinesen) e Denys Finch-Hatton, um arrojado caça-

O que Alex me ensinou

dor e aviador, tem como cenário a mística Ngong Hills, ao sudoeste do Quênia. O livro inicia com uma frase simples mas profundamente evocativa: "Eu tinha uma fazenda na África."

É difícil explicar, mas quando você vai para a África, o lugar penetra na pele até a alma. E esta frase tão simples bate profunda e instantaneamente na mais fundamental das emoções. Assim como também evoca um pesar intenso que brota do conhecimento da devastação que hoje assola aquelas terras primais, vítima da dupla depredação de uma ganância sem limites e de uma desesperada necessidade. Que tristeza. Onde está o reconhecimento da unidade?

A história me atrai porque de alguma forma me identifico com essa mulher e sua busca de vida. Ela também deu murro em ponta de faca durante muito tempo, tentando ser aceita, tentando mudar o seu meio, tentando perseverar frente às grandes injustiças. Somente quando partiu é que finalmente os homens entenderam o que tinha realizado. Mas era muito tarde para ela.

São, no entanto, as palavras finais do filme que ocupam um lugar especial no meu coração porque evocam a mim e a Alex. É uma cena em que Blixen aceita a perda de Finch-Hatton frente ao túmulo e diz as seguintes palavras ligeiramente modificadas aqui:

Ele não era nosso, ele não era meu. Obrigada por tê-lo compartilhado conosco. Ele nos trouxe muita alegria. Nós o amamos muito.

Agradecimentos

A todos que enviaram e-mails, cartas e telefonemas após a morte de Alex e que me convenceram da necessidade deste livro; a Arlene, pois não teria sobrevivido sem ela; a todos que durante anos ofereceram assistência para a pesquisa, seja com poucos ou milhares de dólares ou passando horas sem fim correndo atrás de financiamento; a todos que deram apoio emocional nos momentos fáceis e difíceis, muito obrigada! Eu também gostaria de agradecer a Roger Lewin pela ajuda significativa que me deu na correção do manuscrito.

Índice remissivo

Alda, Alan, 19, 171-74, 176
Alex (Cinzento Africano), 59-144, 148-208
Aspergilose, 120-5, 134
  segurança, 69-70, 102-104, 152-53, 188-89, 198
  morte, reações, 9-31, 210-16, 226-27
  "desculpa", 96-97, 136
  últimas palavras, 208, 213
  lições deixadas, 216-17, 221-26
  atenção da mídia, *ver publicações e programas específicos*
  origem do nome, 85-86
  "não", uso da palavra, 77-80, 92
  poleiro, 64, 65
  seleção, 59-62
  tamanho, 61
  habilidades, *ver habilidades específicas*

treinador dos outros papagaios, 148-49, 154, 189-90
Alexakis, Patti, 23
"Alex queria uma bolacha, mas *queria* mesmo?", 14
All Things Considered, NPR, 11
Alo (Cinzento Africano), 132, 133-144, 147
Associação Americana para o Avanço da Ciência, 204
Animal Dreams (Kingsolver), 38
Apalachee River, aviário, 144
Aristóteles, 217
Arnott, Struther, 71
Aspergillosis, 120, 121, 129, 132
Atwood, Margaret, 200

Bazell, Bob, 114
Behaviorismo, 72
Block, Melissa, 11
Blumberg, Bruce, 166

Bove, Michael, 161
Boysen, Sally, 194
Brand, Stewart, 162
Brandeis, universidade, 25, 186, 187, 201
Brown, Susan, 120
babá eletrônica, 166

Cabell, Shannon, 207
Cantor, Margo e Charlie, 185, 186
Carey, Benedict, 9
Cavanagh, Patrick, 203
Chandler, David, 13
Chimpanzés, 55, 56, 57, 69, 71, 73, 111, 113, 194, 195, 197, 220
"Clever Hans", 88, 89, 91, 219
Charlie Bird (número um), 43, 44
Charlie Bird (número dois), 49, 50, 53
Chet (periquito), 55
Clyne, Terry, 144
Colazzi, Ernie, 123
cores, aprendizado, 76, 82-3, 92, 98
conceitos, entendimento, 93-4, 220
Couric, Katie, 11
Conversa de Berço (Weir), 117
canções dos pássaros, 116
cérebro das aves, 10, 216
crianças autistas, 167
corvos, 151
contexto social, aprendizado, 65, 134

congresso de primatologia, 113
condicionamento operante, 72, 76
clubes e palestras, papagaios, 17-18, 123

Darwin, Charles, 218
Davidson, Kathy, 98
Dennett, Dan, 193
Descartes, René, 219
Dinesen, Isak, 226
Dr. Doolittle (Lofting), 44
Dowling, John, 55
Duffy, Deborah, 20
Dunsmore, Katherine, 117

Economist, 14, 15, 29
equivalência, 195-99
evolução, 218
Entre dois amores (Dinesen), 226
envelope acústico, 67
estranhos, reação a, 70

Foster Parrots, 174
Fouts, Roger, 26, 84
Formante, 142, 143
Fonemas, 179, 181
formas, aprendizado, 77, 92-3
fala, vocalização dos papagaios e propriedades acústicas dos humanos, 141-44

Índice remissivo

Gardner, Allen e Beatrice, 57, 81, 219
Goodall, Jane, 56, 220
Good Morning America, 11
Golfinhos, 55, 88, 219
Grahame, Karen "Wren", 23, 29
Grande Cadeia do Ser, 218
Griffin (cinzento africano), 25, 148, 149, 150-55, 178, 185, 194, 201, 208, 211
Griffin, Donald, 56, 148
Guadette, Kim, 165
Guardian, 11
Guggenheim, fundação, 160

Harrison, dr. Greg, 123, 124
Hart, madre Dolores, 24
Harvard, universidade, 12, 51-55, 57, 195
Harvard University Press, 160
Hayes, Dr. K.C., 210
Heinrich, Bernd, 150
Holmes, dra. Karen, 212
"humanos são únicos", doutrina, 220
Huxley, Thomas Henry, 218
habilidade vocal cognitiva em não humanos, 69, 74, 75

intencionalidade, 107, 223
interligação dos seres vivos, 224

InterPet Explorer, 175, 176
Istock, Conrad, 130
ITALK, financiamento, 209
igual / diferente, conceito, 111, 112, 221
ilusão de ótica, 203, 207

Jarvis, Eric, 204
Johnson, Marc, 174

Katz, Barbara, 102
Keller, Susanne, 21
Kingsolver. Barbara, 38
Kleiner, Laurence, 18
Klinkenborg, Verlyn, 12
Koehler, Otto, 52
Koko, a gorila, 26
Kollar, Bill, 24
Kraynak, Karen, 27
Kyaaro (cinzento africano), 132, 133-34, 151, 153-54

linguagem, 143, 218-19, 221-23
   aquisição de uma segunda língua, 116
   exclusiva dos humanos, crença, 85, 219-20
LaPell, Madonna, 133
Leno, Jay, 12
Levin-Rowe Arlene, 25, 187
Lieberman, Philip, 142

ALEX & EU

Lindsay, Betsy, 211
Lorenz, Konrad, 56
Lynn, Spencer, 177

McDonald, Scott, 123
Malcolm, Norman, 219
Man's Place in Nature (Huxley), 218
macacos, pesquisa, 84, 85, 86, 87, 88, 89, 90, 113, 218, 219, 220
    chimpanzés, *ver* chimpanzés
Marler, Peter, 57
Mathur, Treva, 26
Merlin (periquito), 61, 63
Miles, Lyn, 84
mímica, 66, 74, 143
MIT, 49, 50, 161, 164
    laboratório de mídia, 161, 162
Morton, Kandis, 78, 79
Museu de Zoologia Comparativa, 57
marcas, aprendizado, 64-81, 82-3, 93, 140, 159, 188-89, 221
métodos de treinamento
    componente de funcionalidade, 74-6
    programa modelo / rival com dois treinadores, 65-66, 74, 75, 87, 134-35, 148, 155, 172

componente de referência, 74
componente de interação social, 76, 135

National Institute of Mental Health, 71
National Science Foundation, 84, 133
Nature, 13, 29, 82, 90
Neapolitan, Denise, 116
Negroponte, Nicholas, 162
Newton, Jennifer, 106
New York Times, 9, 12, 14, 161
Noah's Ark (loja), 60
Northern Illinois Parrot Society, 123
Northwestern, universidade, 118, 122, 127, 152, 186, 193, 222
NOVA, 55
números e conceitos matemáticos
    reconhecimento e compreensão, 115-6, 135-6, 190-9
    adição, 194, 195
    equivalência, 195-99
    nenhum, conceito, 192-94
    zero, conceito, 190
"ninho inteligente", 167
Nye, Richard, 123

objeto permanente, 116, 156-57
Oryx and Crake (Atwood), 200

Índice remissivo

Pak, Marion, 65, 66, 68, 76
Papagaios: olhe quem está falando,
27
Patriarco, Steve, 202
Papagaio cinzento africano, 222-23
    alimentação manual, 145-46
    capacidade de esconder
        doenças, 134-5
    história, 58-9
    dança de acasalamento, 202,
        203
    escolha para os estudos, 57-8
    estresse, 186
    territorialidade, 149
Patterson, Dianne, 140
Patterson, Penny, 84, 85
PBS, 20, 27, 55
Pepperberg, dr. David, 51, 52, 53,
    55, 114, 118, 127
    Carreira, 59-60, 101
Pepperberg, dra. Irene
    escolha da carreira, 55-59
    infância, 33-44
    educação, 44-52, 56-59
    casamento, 53, 114, 128
    Sem-Nome e outros
        periquitos, 34-35, 37-38,
        43, 61, 225
    apresentações, 92
    proposta do projeto Alex, 84-
        85, 108

financiamentos de pesquisa,
    70-71, 75-77, 84, 90, 92,
    114, 115, 133, 170, 209
artigos publicados, 81-82, 86-
    87, 94, 108, 112-13, 117
abordagem científica, 91-92,
    108-111, 221-2
Piaget, Jean, 69
Computador Poliglota, 167-8
Premack, David, 57, 81, 84, 113
Purdue, universidade, 60, 70, 71,
    85, 101, 148, 201

Radcliffe, instituto, 195, 201
Raven, Denise, 23
Ravid, Jeanne, 118
Reducionismo, 224
Reed, Susan, 96
Reiss, Diana, 9, 88
Resner, Ben, 166, 175
Ritchie, Dr. Branson, 144
Rivel, Deb, 225
Rosen, Bruce, 96
Rosen, Howard e Linda, 137
Rosenthal Robert, 88
Rumbaugh, Duane, 57, 84, 90
Ruth, Linda, 18

Samuelson-Woodson, Carol, 139
Savage, Sue, 84, 90
Sawyer, Diane, 11

235

ALEX & EU

Schachner, Adena, 207
Schinke-Llano, Linda, 116, 135
Schluter, Debbie, 144
Science, 86, 87, 88
Science, 81
Science Show, 11
Sebeok, Jean Umiker, 89
Sebeok, Thomas, 88, 89
Segmentação, 83
Sekuler, Bob, 186
Serial Tr-Hacking, 166, 175
Sexismo, 52-4
Smith, Deborah e Michael, 141
Stewart, David, 20

Terrace, Herbert, 87, 90
Tinbergen, Nikolaas, 56
Todt, Dietmar, 59, 73
Tomasello, Mike, 197
Torok, Jaimi, 17
Transferência, 69

universidade do Arizona, Tucson,
    118, 123, 125

laboratório, 164, 165
universidade de Illinois, Chicago,
    101

von Frisch, Karl, 56
von Osten, Wilhelm, 88
Wade, Nicholas, 89
Wall Street Journal, 114
Wart (cinzento africano), 25, 165,
    166, 168, 169, 170, 175, 176-8,
    189
Waser, Peter, 71
Washoe (chimpanzé), 26, 84, 219
Webster, Karen, 19
Weir, Ruth, 117
Wiener, Doris, 44
Wiesner, Jerome, 162
Williams, Robyn, 11
Wired Kingdom, simpósio, 168
Wright, Maggie, 183

Younce, Deborah, 26, 30

Zeitschrift für Tierpsychologie, 87

Este livro foi composto na tipologia Minion-Regular,
em corpo 11/17, impresso em papel off-white 80g/m²,
no Sistema Cameron da Divisão Gráfica
da Distribuidora Record.